101 Things I Learned in Psychology School

关于心理的101个常识

［美］蒂姆·波诺（Tim Bono）［美］马修·弗雷德里克（Matthew Frederick）著　刁薇 译

中信出版集团｜北京

图书在版编目（CIP）数据

关于心理的101个常识 / （美）蒂姆 · 波诺，（美）马修 · 弗雷德里克著；刁薇译 .-- 北京：中信出版社，2024.1

（通识学院）

书名原文：101 Things I Learned in Psychology School

ISBN 978-7-5217-6161-0

Ⅰ .①关… Ⅱ .①蒂…②马…③刁… Ⅲ .①心理学—基本知识 Ⅳ .① B84

中国国家版本馆 CIP 数据核字 (2023) 第 225556 号

关于心理的101个常识

著　　者：[美]蒂姆 · 波诺　[美]马修 · 弗雷德里克
译　　者：刁薇
出版发行：中信出版集团股份有限公司
（北京市朝阳区东三环北路27号嘉铭中心　邮编　100020）
承 印 者：北京盛通印刷股份有限公司

开　　本：787mm×1092mm　1/32
印　　张：6.5
字　　数：132千字
版　　次：2024年1月第1版
印　　次：2024年1月第1次印刷
京权图字：01-2019-7272
审 图 号：GS京（2023）1748号
书　　号：ISBN 978-7-5217-6161-0
定　　价：48.00元

服务热线：400-600-8099
投稿邮箱：author@citicpub.com

来自蒂姆

感谢母亲、父亲、朱莉、迈克、马特和克里斯蒂娜。早在我上学之前，我就从他们那里学到了很多心理学知识……即使是逆反心理。

认知行为疗法

- 聚焦当前的思维模式和行为
- 发展新的技能
- 通常为短程治疗

心理动力疗法

- 以过往经历为导向，假定来访者停留在之前的某个阶段
- 寻找内在的模式和隐藏的态度
- 通常为长程治疗

谈话疗法

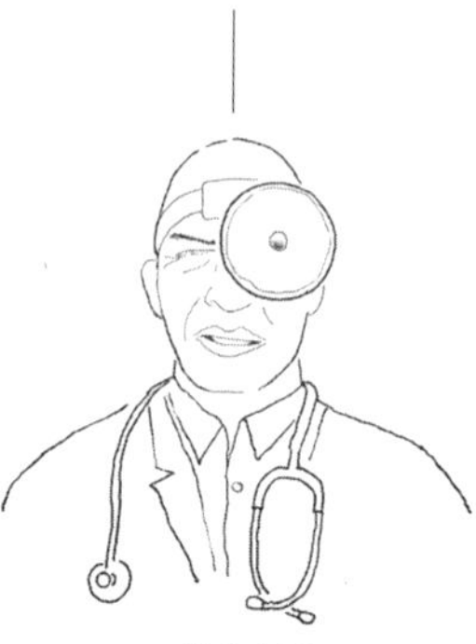

精神病学

- 医学 / 科学干预
- 对基于生理因素的精神障碍，如精神分裂症是必要的
- 通常会同时进行心理干预

药物疗法

心理健康干预的三种方法

精神病学倾向于先天因素，心理学倾向于环境因素。

精神病学通常认为，精神疾病是由生理因素（如遗传学或神经学缺陷）引起的，并倾向于采用医学干预方式。精神科医生通常更倾向于采用物理干预方式，如药物疗法或电休克疗法。

心理学倾向于将精神疾病视为环境和生物因素共同的产物，并通常采用谈话疗法。虽然心理学家尊重药物疗法，但同时也认识到，这一疗法对某些患者可能无效。心理学秉持“人是可以改变的”这一积极的观点。

散点图

显示研究的所有结果

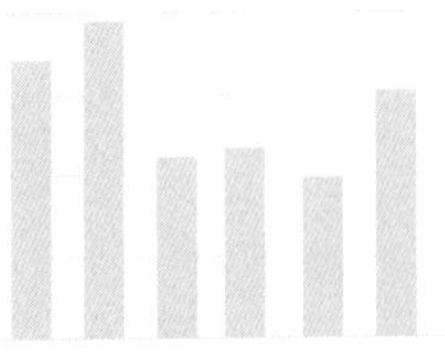

直方图（垂直）

比较不同条件或群体之间的值

直方图（水平）

跟踪随时间变化的数据的纵向研究

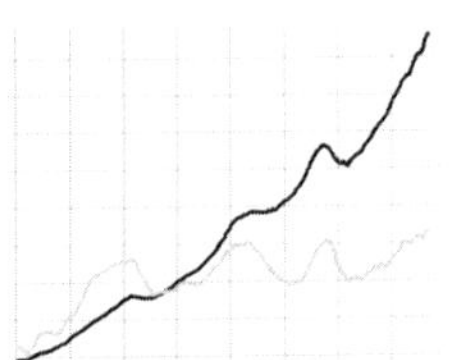

线形图

显示随时间变化的趋势

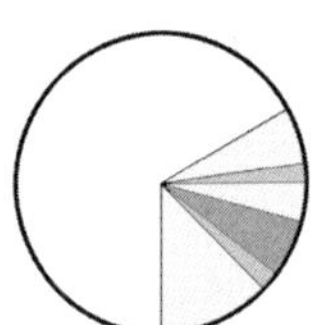

饼形图

划分为几个扇形的圆形统计图，用于描述数据间的比例关系，加起来是100%

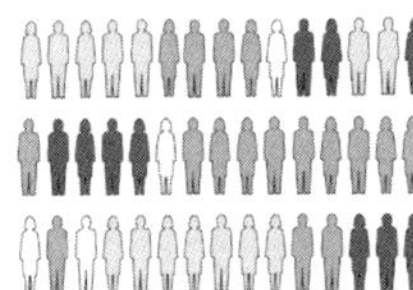

象形图

对非专业人士比较友好，但不适用于大样本数据

常见的数据绘图格式

心理学家也是统计学家

行为、思想和情绪本质上是无定形的，但与此有关的问题必须是可测试的。心理学研究通常调查或检查一个样本组，其结论数据会被推广并应用于该研究样本组所代表的更大的人群。例如，通过对一群大学生的性行为进行调查，可以了解大学生性行为的普遍情况。但绝不能认为研究数据适用于特定的个体。

3

问题的类型决定了研究的类型

纵向研究：收集同一组人的数据，以了解他们的行为是如何随时间变化而改变或发展的。这类研究需要花费大量时间和经费。

横切面研究：与纵向研究有类似的目标，但可用于同时比较不同年龄的个体，例如40～60岁的人。

实验研究：在受控条件下进行，将一种干预措施用于一组被试，将另一种干预措施用于另一组被试，并测量和记录其变量。这是唯一能够推断因果关系的研究设计。

自然研究：研究人们在“自然环境”中的行为和经验，最好是在被试没有意识到的情况下。与实验室研究相比，这类研究缺乏控制实验条件的能力，因此无法确定、控制或测量影响行为的所有因素。

相关性研究：分别测量两个变量或行为，以了解它们是否相关，例如收入和幸福感，或身高和鞋码的相关性。

个案研究：研究一个人的行为或特征，例如一个有非凡禀赋的人或一个连环杀手。这类研究深入且细致，但使用不多，因为其研究结果不能推广到其他人。

总统当选人哈里·杜鲁门，1948 年

一个样本必须代表样本外的那些群体

一个适合的研究样本应该：

- **足够大，不会被干扰因素**，如测量误差、被试不理解问题、其他随机或特殊因素扭曲。但样本也不能太大，以至于错误或不寻常的数据变得正常或看似真实。一项研究的典型最小样本是 40 人。
- **从适当的人群中随机选择**。如果所选样本的总体不具有代表性，就可能得出错误的结论。一个著名的例子是：1948 年美国总统大选后的第二天早上，《芝加哥每日论坛报》的一个大标题错误地宣布共和党人托马斯 · 杜威战胜了民主党人哈里 · 杜鲁门。这一结论是根据从电话簿中随机选择民众进行的民意调查得出的。但当时，共和党人比民主党人更有可能拥有电话。

寻求具体的答案，而不仅仅是量化的答案。

许多研究的形式自然地导致了定量数据。一项关于幸福感的研究可能会测量一个人在互动中微笑的次数，一项关于记忆的研究可能会测量一个人在 1 分钟、5 分钟和 10 分钟后能够回忆起的事情的数量。

询问人们一年中有多少次感到悲伤也会得到定量数据，但可能不可靠。受访者的回忆可能不准确，他们对“悲伤”的定义也可能大相径庭。但是，询问“在过去的一年中，你有多少次因为悲伤而打电话请病假”，就会得到一个具体的答案。类似地，与其询问人们的拖延症有多么严重，也许可以这样问：“你现在有多少水电费账单没有按时支付，即使你有能力支付？”

寻求可具体化回答的问题可以使抽象概念更清晰，并确保从一项研究到下一项研究的一致性。

- [ ] 完全同意
- [ ] 大部分同意
- [x] 有些同意
- [ ] 无意见
- [ ] 有些不同意
- [ ] 大部分不同意
- [ ] 完全不同意

7 点反馈量表实际上是 5 点反馈量表

在接受调查时，许多人不喜欢给出极端的回答，例如“从不”或“总是”。因此，通常采用 7 点反馈量表最有效，因为它允许受访者避免极端选项，同时保留 5 个明确的选项。没有意见或判断的人可以选择中间点，而持有温和或强烈意见的人可以表达他们的倾向，而不需要选择绝对性的答案。

通常应避免使用有偶数个回答选项的调查，因为缺乏中间点会迫使想要中立回答的受访者表达出不准确的倾向。

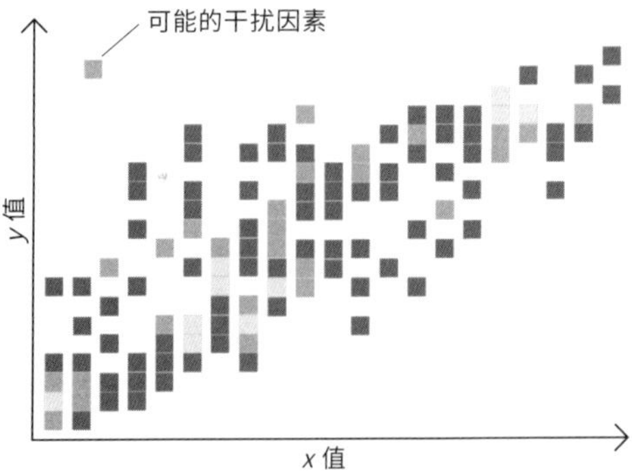

显示所有研究结果的散点图

7

主观性的样本越多越客观

很多关于人的研究内容是无法直接观察到的。通常情况下，我们必须询问人们是如何对特定情境做出反应的，或者他们多久经历一次特定的情绪。他们的回答就像所有调查一样，会产生一些干扰因素：一些受访者可能有偏见，一些受访者可能会说谎，还有一些受访者可能会在无意识的情况下做出不准确的回答。但是，你调查的人越多，这些干扰因素就越容易相互抵消。

减少或移除奖励
增加或添加奖励
试图增加或
鼓励某种行为
试图减少或
阻止某种行为
负强化
正强化
负惩罚
正惩罚

正不代表是好的，负不代表是坏的。

“正”（positive）和“负”（negative）是价值中立的，它们只涉及数据的方向。正表示存在或增加，负表示缺失或减少。例如，精神分裂症的阳性症状是听到（增加）不存在的声音，而阴性症状是缺乏正常的情绪反应。

称惩罚为**负强化**是不正确的，因为正强化和负强化都旨在增加一种行为，而惩罚始终旨在减少一种行为。教练因为球员训练迟到而让他跑几圈，这是实施了**正惩罚**。如果教练不让球员参加比赛，那么他就是实施了**负惩罚**。

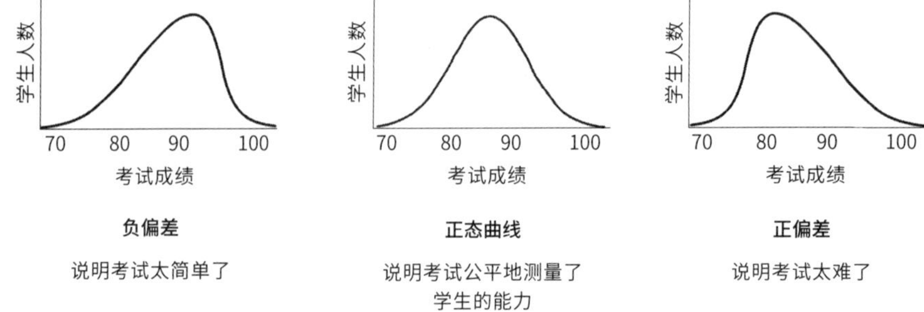

一门大学课程中通过考试的成绩图

大多数现象呈钟形分布

人类的大多数特征和行为，如身高、体重、智力、人格、反应时间和工作 / 娱乐习惯，都遵循一种可预测的模式：大多数数据点集中在中间值，而很少集中在极高值或极低值。当以图形方式表示时，可以产生一个对称的**钟形曲线**。

钟形曲线也可以是不对称的。例如，一门大学课程中通过考试的成绩图可能呈现**负偏差**，左侧有一条较长的尾巴。这可能说明考试太简单了。**正偏差**则可能说明考试太难了。

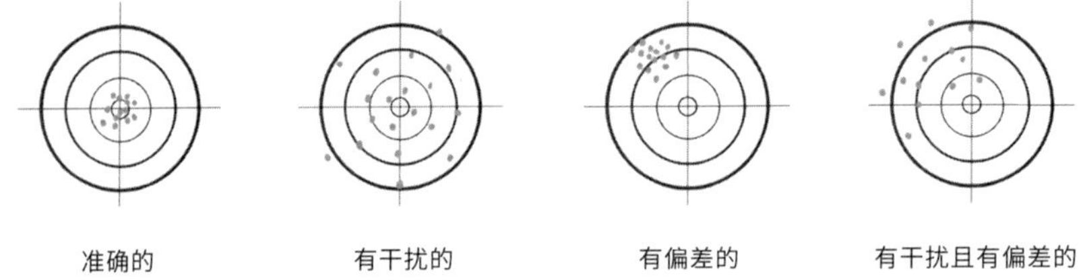
准确的
有干扰的
有偏差的
有干扰且有偏差的

有人的地方就会有偏差，有判断的地方就会有干扰。

当数据在某一特定方向上持续偏离常态时，就存在偏差。例如，当测速器始终显示高于实际速度5%时，就存在偏差。读数变化很大的测速器的数值是有干扰的，而且可能有偏差。

在一个大范围内，偏差和干扰往往相互抵消。例如，一项对不同保险公司为同一客户分配的保险费进行的研究显示，平均差异达55%。这表明，各个保险公司之间存在相当大的偏差和/或干扰。但对于整个公司的所有保单来说，这种差异可能会被平均化。这表明，尽管公司内部存在相当大的干扰和偏差，但不存在公司层面的偏差。

当钟形曲线对称时，众数、中位数和平均数是相同的值。

11

什么是最具代表性的？

如果一个班级的平均考试成绩是 84 分，我们将其理解为一个**平均数**，即将所有成绩相加，然后除以学生人数得到的结果。我们很容易理解任何一个学生在平均成绩上的表现。但平均数并不总是表示平均的最有用的方式。想象一下，一所小学院的学生的平均年收入为 1 万美元。如果一个有代表性的学生被凯莉 · 詹娜[1]取代，那么学生的平均收入可能会增加到 21 万美元——这是一个在数学上精确的数字，但对大多数观察者来说，这个数字并不具有代表性。但是，**众数**和**中位数**仍将接近 1 万美元，并能够提供有关学生收入的有意义的快照。

四分位距（IQR），即统计分布的中间 50%，也很有用。在上述例子中，通过四分位距可以了解中间 50% 的学生的收入在 8 500~10 800 美元之间。

1　凯莉 · 詹娜（Kylie Jenner），美国卡戴珊 & 詹娜家族最年轻的继承人。——译者注

显著并不一定重要

统计显著性意味着在一个测试中，两个值之间的差异足够大，可以记录下来。研究人员必须能够识别显著的数据变化，但不应假设它们一定很重要。当一项发现对现实世界有影响时，比如新的咨询技术或提高生活质量的医学干预措施，它才是重要的。

当研究数据显示出显著差异时，要确定它如何在人们的日常生活中发挥作用。如果找不到重要性，那就看看数据是否为研究或实践提供了新的途径和问题。

智慧 在主观经验中被深度情境化的知识

知识 情境化的信息

信息 情境化的数据

数据 非情境化的事实

13

数据需要一个故事

研究数据是中立的信息；对于那些与它没有个人联系的人来说，直接呈现数据可能意义不大。在你的演讲中引入叙事元素可以使其生动起来，让其与观众和人类的生活息息相关。

个人叙事：描述研究人员是如何对研究试图回答的问题产生兴趣的。

历史叙事：展示多年来专家如何探索研究的核心问题，不断变化的情境如何改变它，以及当前研究如何构建它。

实验性叙事：讲述研究人员如何创建和组织实验的故事，包括方法、意想不到的见解、失败、重新开始和最终的成功。

不要让你的研究成为叙事的终点。让你的结论回到起点，并提出故事未来可能的走向。

如何做研究报告

1. **给报告起一个准确的标题。**如果主题有些复杂，可以想一个引人入胜、有启发性或带有双关意味的标题，并添加一个直接解释主题的副标题。

2. **提出促使你做这个项目的基本问题或疑惑。**个人逸事可能对此有所帮助，但要确保它引出的是一个可以进行科学测试的聚焦性的问题。

3. **提供现有研究的概述。**确定现有研究的空白，你的研究正是针对这些空白而进行的。

4. **最晚在报告开始 15 分钟内展示你的数据。**研究人员或专业的观众期待看到细节，而非专业的观众更关注你工作的应用和意义。

5. **将你的数据引向一个结论。**展示你的研究是否回答了一开始提出的科学问题。无论哪种情况，都要承认你的研究的局限性和存在的差距。

6. **留出时间回答问题和接受批评。**这通常是演讲中最有价值的部分，对演讲者和与会者来说都是如此。

7. **在一个小时内总结完毕。**为有兴趣了解更多信息的人提供相关资源。

15

搁置暂时未使用的想法

在发展一个理论时，遵循节约律：追求最直接的解释，即对研究对象所涉及的内容做最少的假设。

在撰写或展示一项研究时，将整个演示文稿固定在一两个主要论点或论题上。如果你有太多的想法，那么关键的想法，即使是好的，也会被忽略，整个演讲都会被淡化。要么清除次要的想法，要么形成一个更大的、统一的想法来收集所有这些想法。暂且搁置未使用的想法，并在未来的论文或研究中重新审视它们，或者接受它们可能永远不会重新启动的事实。

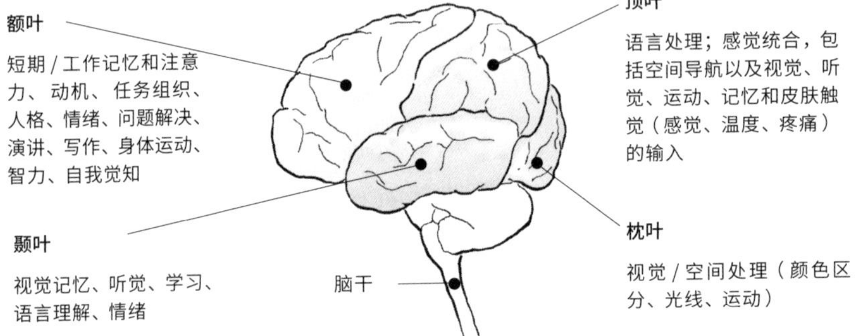

皮质（大脑的外层）的四个叶

灰质呈粉红色

组成大脑的大约 1 000 亿个神经元大多呈灰色。然而，当直接观察时，大脑的大部分呈粉红色，这是由于血液在其众多血管中流动。大脑的某些部分也会呈红色、白色和黑色。

被收集和储存的大脑由于使用了甲醛等防腐剂，呈灰褐色或灰白色。

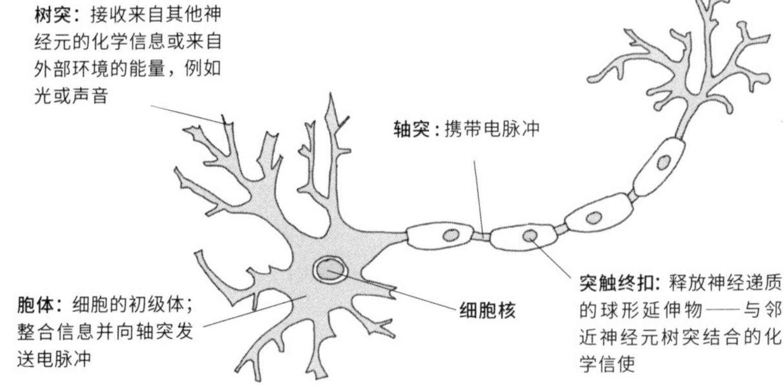
树突：接收来自其他神经元的化学信息或来自外部环境的能量，例如光或声音
轴突：携带电脉冲
胞体：细胞的初级体；整合信息并向轴突发送电脉冲
细胞核
突触终扣：释放神经递质的球形延伸物——与邻近神经元树突结合的化学信使

神经元的组件

17

大脑是带电的

思想、情绪和行为的各个方面都是由**神经元**之间的交流参与的，神经元是在我们的大脑和身体中“放电”的专门细胞。这些细胞通过电脉冲进行通信，将化学信使传递给其他神经元。一组神经元激活另一组神经元，最终引发思想、感觉和行为。

神经递质之间的连接重复得越多，这种关系就会变得越强、越持久，以至于一个神经元的激活会导致另一个神经元的激活。例如，如果一个人在听到牙医的电钻声后反复感到疼痛，那么对电钻声做出反应的神经元就会激活对疼痛做出反应的神经元，即使并没有经历疼痛。

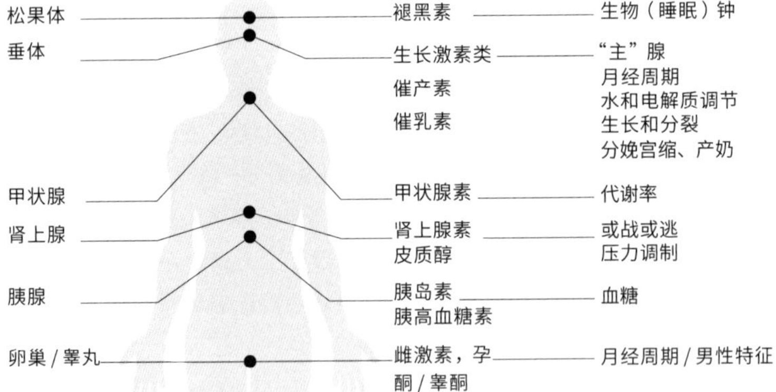
腺
激素分泌
功能
松果体
褪黑素
生物（睡眠）钟
垂体
生长激素类
“主”腺
催产素
月经周期
水和电解质调节
催乳素
生长和分裂
分娩宫缩、产奶
甲状腺
甲状腺素
代谢率
肾上腺
肾上腺素
或战或逃
皮质醇
压力调制
胰腺
胰岛素
血糖
胰高血糖素
卵巢 / 睾丸
雌激素，孕酮 / 睾酮
月经周期 / 男性特征

神经递质就像短信，而激素就像传统邮件。

神经递质和**激素**是影响我们情绪、思想和行为的天然化学信使。它们之间的主要区别在于传播速度及其影响持续的时间。神经递质从一个神经元到另一个神经元的传递非常迅速（在纳秒以内），例如当它们让我们迅速将手从热炉子上移开时。

激素通过循环系统传播，它们需要更长的时间才能产生效果（从几秒钟到几小时），并且可以持久。如果你早上和别人吵了一架，到晚上仍然受影响，这可能是因为皮质醇这种激素被释放了，并在你以为自己已经冷静下来之后还在继续循环。

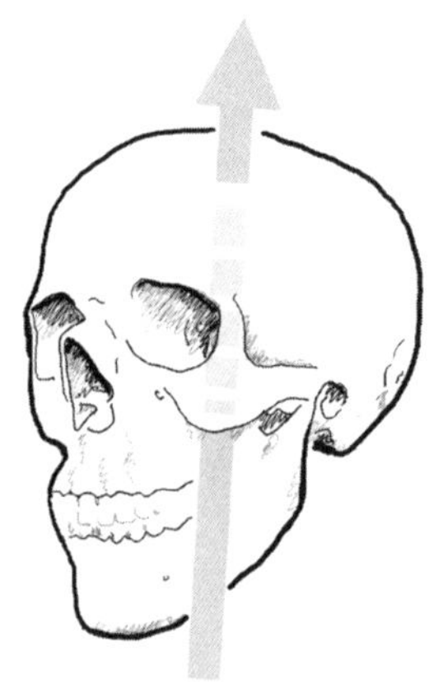

19

一个极端案例可以启发我们对一般情况的理解

1848 年，建筑工人菲尼亚斯 · 盖奇正指挥一支队伍在修建铁路路基时进行爆破作业。有一次，爆炸将一个重约 6 千克、直径约 3 厘米、长度约 8～18 厘米的铁棒抛向盖奇的脸部。铁棒穿过他的左眼后方，穿过大脑，从头骨顶部出来，落在约 24 米远的地方。

盖奇在这次磨难中幸存下来，他的智力、记忆力、饮食、呼吸和维持体温等基本功能都没有受到损害。然而，据报道，之前举止得体、尽职尽责的盖奇变得粗鲁和喜怒无常。尽管这一点在今天仍存在争议，但报道称，盖奇的某些方面发生了显著变化，而其他方面保持不变，这有助于我们认识到大脑有专门的功能区域。此前人们普遍认为大脑是一个整体的混沌体，若大脑的某一部分损伤，会导致大部分或所有方面的行为和功能下降。

没有中脑
（刺胞动物和其他动物）

神经系统由基于反射的神经元或神经元群（遍布全身的神经节）组成

后脑
（蜥蜴脑）

基线功能，例如意识、反射、进食、生育、或战或逃、原始情绪（愤怒、恐惧、愉快）

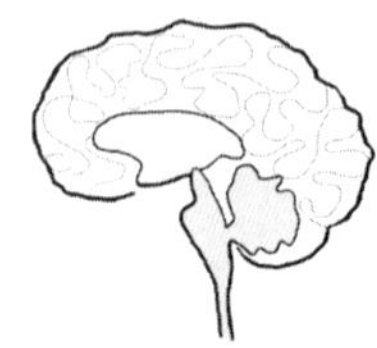

高级思维
（人类）

语言；想象和抽象思维；推理和批判性分析；反射；创造力、更高的情绪；元意识（意识到自己的意识）

20

高级思维发生在大脑的更高层

大脑最内层的区域负责基本的生命功能，比如呼吸和心率。而更复杂的功能，如抽象推理、想象和批判性分析，则由大脑最上层和最外层的区域负责。这种组织模式保护了大脑中使人们能够生存的最必要的部分：即使大脑外层受损，我们仍然能够活下去。

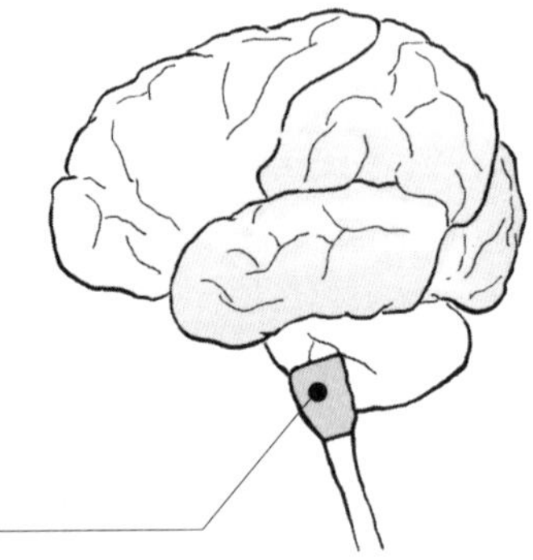

来自大脑的神经在**髓质**处交叉，导致每个大脑半球控制身体的另一侧。

逻辑左脑 / 创造性右脑的区分是一个谜

人们常常错误地认为，左脑负责逻辑和分析活动，而右脑则处理创造性和空间任务。这个迷思还与另一个迷思联系在一起：因为每个大脑半球实际上控制着身体相反一侧的活动，所以人们普遍认为左撇子天生比右撇子更有创造力。

但是，没有证据表明大脑具有逻辑-创造性的结构，也没有证据表明正常人使用某个大脑半球的频率比另一个大脑半球高。大脑的不同区域确实负责不同的功能，并且有时在大脑的各个子区域会发现更大的活动，但在几乎所有的思维、情绪和行为中，大脑的两侧都是活跃的。

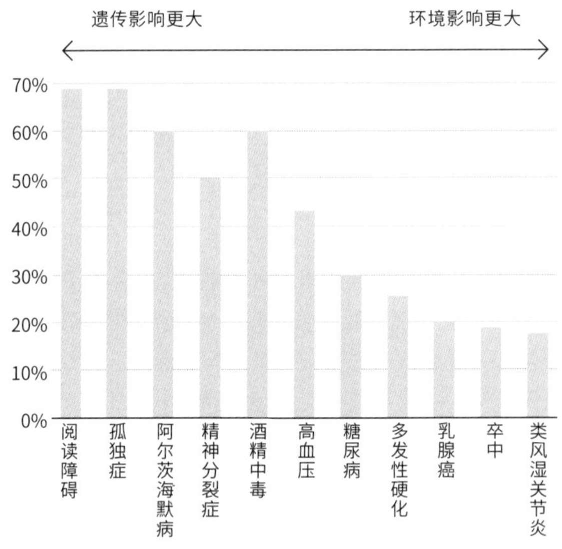

单卵双胎具有相同特征的百分比

资料来源：Albert H.C. Wong, Irving I. Gottesman, and Arturas Petronis, “Phenotypic differences in genetically identical organisms: the epigenetic perspective.” *Human Molecular Genetics*, 2005, Vol. 14, Review Issue 1

22

子宫不是一个中性的环境

皮质醇是肾上腺分泌的一种激素，有助于调节身体的许多关键方面，包括新陈代谢、血糖和睡眠觉醒周期。它也与压力有关：当你感觉到威胁时，皮质醇水平会升高，抑制某些功能，并将能量重新定向到关键区域。警报解除后，皮质醇水平会恢复正常。

在怀孕期间，皮质醇的产生会随着胎儿的发育而有所变化。当孕妇在不合适的时间经历身体或情绪创伤时，皮质醇可能会不适当地升高，增加流产的风险，或对胎儿造成其他伤害。研究表明，这可能会使婴儿更容易紧张，并增加他们将来患精神疾病的可能性。

最近的研究表明，即使在没有创伤的情况下，基因突变也会在子宫内自然发生。虽然它们只影响胚胎基因构成的一小部分，但它们可能导致最终情绪和身体健康产生显著差异。

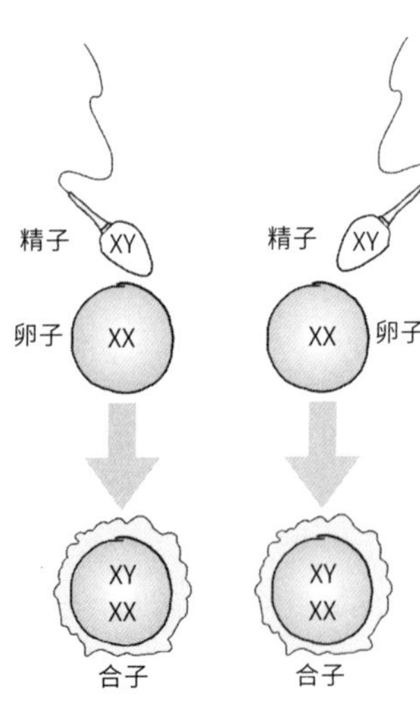

双卵（异卵）双胎
受孕时的遗传相似性为 50%
出生时的遗传相似性为 49.9%+

单卵（同卵）双胎
受孕时的遗传相似性为 100%
出生时的遗传相似性为 99.9%+

23

分开抚养的双胎比一起抚养的双胎更相似

同卵双胎是研究基因与环境相对影响的近乎理想的对照对象。当双胎刚出生就被分开，并在不同家庭中长大时，有很强的迹象表明，他们的哪些心理和行为结果是生物学的，哪些是环境的。

有趣的是，研究表明，同卵双胎在分开抚养时更相似，而在一起抚养时则较为不同。这是因为双胎的父母鼓励他们培养独特的特质和兴趣（双胎本身也可能会积极寻求区分自己），而与自己的同卵双胎分开抚养的双胎则没有受到这样的指导。这使得他们的先天特征更强烈地影响发育。

0 至 18~24 个月

感觉运动阶段

感觉好奇心；运动反应协调、基本语言技能；客体永久性。

18~24 个月至 7 岁 +

前运算阶段

自我中心；发展句法和语法；运用想象和直觉，不理解逻辑和抽象概念。

7~12 岁

具体运算阶段

更加社会中心；将抽象概念与现实世界联系起来；理解时间、空间和数量。

11 岁至成年

形式运算阶段

理论的、复杂的、抽象思维和推理；能够规划、制定策略，并在不同情境中应用概念。

24

婴儿会把东西放进嘴里，蹒跚学步的幼儿会把东西归类。

婴儿天生具有运用五种感官去探索世界的能力。然而，西格蒙德·弗洛伊德的理论认为，在婴儿出生后的头 18 个月里，他们主要通过吮吸或把东西放进嘴里来获得快乐。后来，当他们学习语言时，他们开始用**图式**或知识结构来认识世界。如果他们家里的四足动物是一只“狗”，而隔壁邻居也有一只，那么“狗”可能是他们对四足动物概念的图式。

随着时间的推移，孩子获得的经验并不完全符合现有的图式。例如，当他们得知动物园里黑白条纹的四足动物不是狗时，一种新的图式“斑马”可能就会产生。

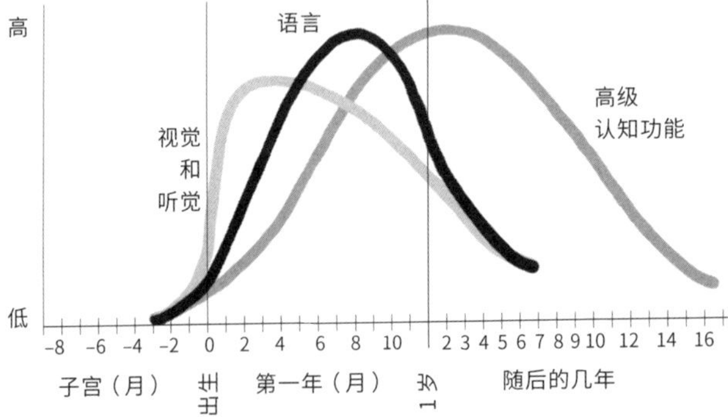
高
低
语言
视觉
和
听觉
高级
认知功能
-8 -6 -4 -2 0 2 4 6 8 10 2 3 4 5 6 7 8 9 10 12 14 16
子宫（月）
出生
第一年（月）
1岁
随后的几年

突触的发育

25

进步看起来可能像退步

孩子通过模仿快速学习语言。例如，一个蹒跚学步的孩子可能会模仿父母说："今天，我们给我的脚买了鞋（Today we bought shoes for my feet）。"

几个月后，同一个孩子可能会说："我们给我的脚买了鞋（We buyed shoes for my foots）。"这让他的父母感到很沮丧。但是，这并不意味着孩子的英语能力有所退步。事实上，他已经进步了。他了解到语法是有规则的：名词通过添加"s"来实现复数形式，动词通过添加"ed"来实现过去式。但他还不知道有些名词和动词是不规则的。

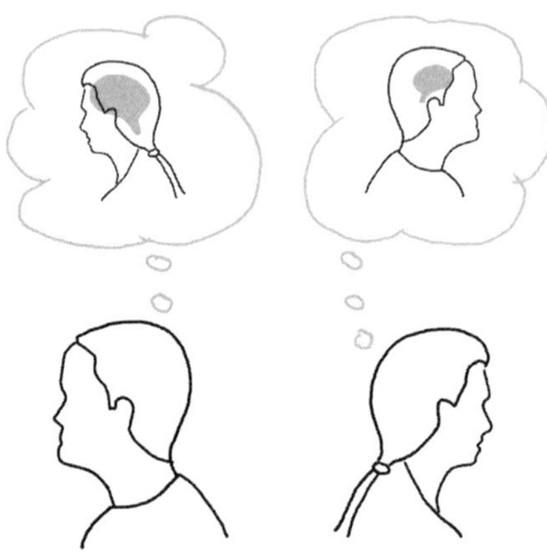

心理理论

在最初的几年里，孩子们认为他们的想法对每个人来说都是共同的。这就是为什么一个蹒跚学步的孩子可能会用手捂住眼睛，认为自己是隐形的：她认为别人看不见她，因为她看不见别人。

随着时间的推移，孩子们发展出了一种**心理理论**。他们理解到其他人从不同的角度体验世界，了解不同的事情。这很快就会发展成一种更抽象的认识，即其他人有不同的欲望、动机和信念。随着孩子们进一步成熟，他们可能意识到其他人没有意识到的一些东西，比如错误的信念、别有用心的动机和隐藏的情绪。他们也可能意识到说谎的机会，因为他们意识到别人可能没有相同的经历和知识。

适当发展的心理理论为**共情**提供了基础，即理解和分享他人感受的能力。患有精神分裂症和其他一些疾病的人通常心理理论发展不完善。

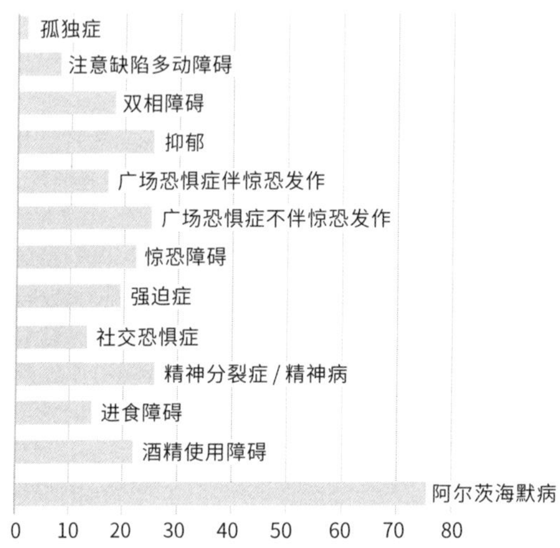
孤独症
注意缺陷多动障碍
双相障碍
抑郁
广场恐惧症伴惊恐发作
广场恐惧症不伴惊恐发作
惊恐障碍
强迫症
社交恐惧症
精神分裂症 / 精神病
进食障碍
酒精使用障碍
阿尔茨海默病
0
10
20
30
40
50
60
70
80

大概的平均发病年龄

如果你顺利地度过了 20 多岁，可能就不再面临风险了。

大多数患有心理疾病的人在 20 多岁时就会出现症状，尽管一些疾病直到很久以后才变得明显或导致严重困扰。例如，强迫性囤积症患者通常至少要到 35 岁左右才寻求帮助，尽管他们通常在 30 岁之前就意识到了自己的症状。许多人报告在 10 岁之前发病，有些甚至在 4 岁时就出现了症状。

心理学家在诊断未满 18 岁的患者时需要十分谨慎，并遵守伦理。这是因为青少年的心理是不断变化的，误诊一个正在发育的青少年会带来很大的危险。

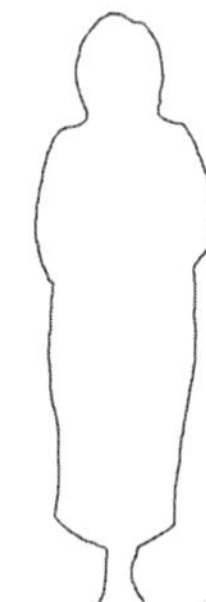

生物学
过去的创伤
家庭
社会环境
情境因素

创伤可以超越先天的人格

儿童期的行为在很大程度上预示了一生的人格。一个容易受惊的婴儿可能会成为内向或抑郁的成年人。三岁时无法控制自己的孩子更有可能成为酗酒者。能够抵制诱惑，为了更大的回报而延迟满足的四岁孩子在成年后通常更自律。

但是，像监禁、酷刑、战争、性侵犯、绑架和家庭暴力等极端的创伤可以超越人格的遗传决定因素。创伤的受害者通常会报告长期的空虚和绝望感，对世界持敌意或不信任的态度，持续地在恐惧边缘游走，一生都容易感到罪恶和羞耻，并有自伤的倾向。那些没有经历长期情绪痛苦的人可能已经将其转化为身体上的痛苦。在一项研究中，"感觉好像大屠杀仍在继续"的大屠杀幸存者更有可能出现心理障碍，而将创伤封锁在记忆中的人死于身体疾病的概率更高。

个人创伤的影响可能会代际传递，因为经历创伤的人往往与家人以及自然的社会网络分离。他们的后代可能会发现缺乏有益于他人的情绪和实际支持系统，从而导致他们的人格持续不稳定。

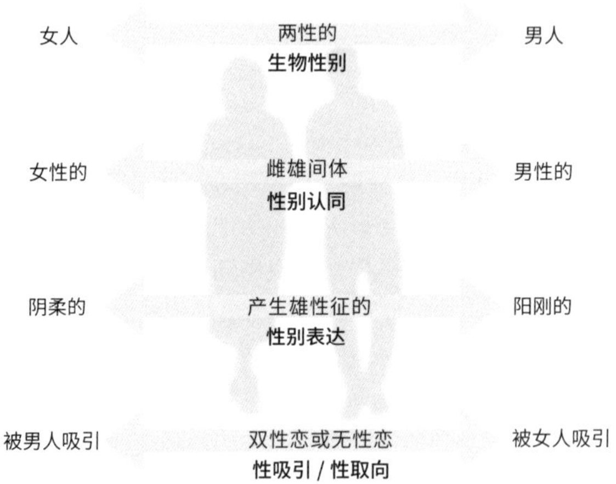

女人	两性的 **生物性别**	男人
女性的	雌雄间体 **性别认同**	男性的
阴柔的	产生雄性征的 **性别表达**	阳刚的
被男人吸引	双性恋或无性恋 **性吸引 / 性取向**	被女人吸引

基于詹妮弗·布赖恩、塞巴斯蒂安·米切尔·巴尔和性别健全中心的工作

养育方式毁了他

29

罗纳德和珍妮特·赖默的儿子布鲁斯在婴儿期所做的包皮手术失败，导致他的生殖器受损。他们咨询了性别认同方面的早期专家约翰·莫尼。莫尼认为，身份的形成更多地受养育方式，而非遗传因素的影响。由于布鲁斯有一个同卵双胎兄弟布赖恩，他为莫尼的理论提供了一个理想的测试案例。

莫尼建议赖默夫妇把布鲁斯当女孩——布伦达抚养。随后，医生切除了布鲁斯的睾丸，制作了一个粗糙的外阴，并给他注射了激素。一回到家，布伦达就穿上花边连衣裙，被迫玩洋娃娃。在每年定期拜访莫尼期间，布伦达和布赖恩被迫模拟异性性交。当双胎七岁时，莫尼公开宣称此案例取得了成功。然而，布伦达的行为仍然具有典型的男性特征。他殴打布赖恩，站着小便，导致同龄人称他为“穴居女人”。

14 岁时，布伦达威胁说，如果再被迫去拜访莫尼，他就自杀。他的父母随后告诉了他真相。布伦达随后接受了双侧乳房切除术、睾酮注射和两次阴茎成形术，并成为“戴维”。他后来娶了一个女人，但他试图过上正常生活的努力受到了抑郁、愤怒和就业困难的困扰。与此同时，布赖恩被诊断出患有精神分裂症，并在 36 岁时因药物过量去世。两年后，戴维在妻子要求分居后选择了自杀。

30

个体的创伤，随着时间的推移而脱离情境，看起来就像人格；家庭的创伤，随着时间的推移而脱离情境，看起来就像家族特征；民族的创伤，随着时间的推移而脱离情境，看起来就像文化。

——雷斯玛·梅纳克姆，心理治疗师

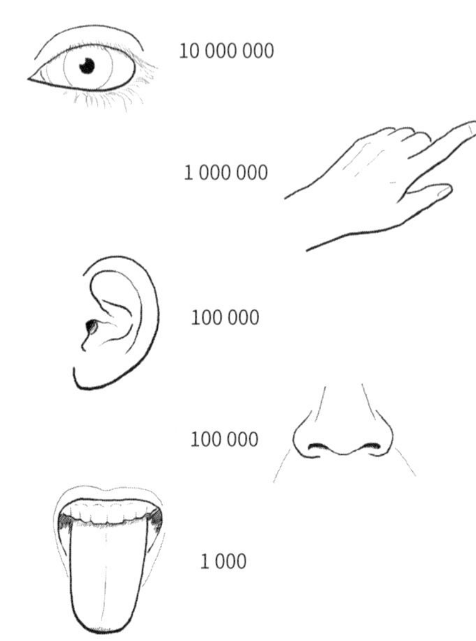

感觉的近似传输速率（以比特 / 秒为单位）

情绪连接着身体和智力

31

早期的心理学家认为，情绪是身体对某一事件的认知意识。举例来说，如果外部环境存在威胁，人们就会出汗、心跳加速、呼吸急促，进而感到恐惧。

但是，由于不同的情绪可能伴随着相同的生理特征，因此引发情绪的原因不单单只有身体症状。例如，性吸引与恐惧有相同的生理症状，如心率加快和出汗。这表明，一个人现有的认知框架也在起作用。事实上，即使没有外部刺激，情绪和身体特征也会以相反的顺序出现。例如，对所爱之人的思念可能会导致担心他们的离去，继而引发害怕他们出事的担心，这可能会导致心率加快。

心理与生理的相互作用会导致我们对情绪的错误归因。在一项研究中，通过摇摇晃晃的桥时心率加快的男性发现，此时的女性研究助理比在正常环境中更有吸引力。研究人员认为，这些男性可能将他们的恐惧误认为是性唤起。

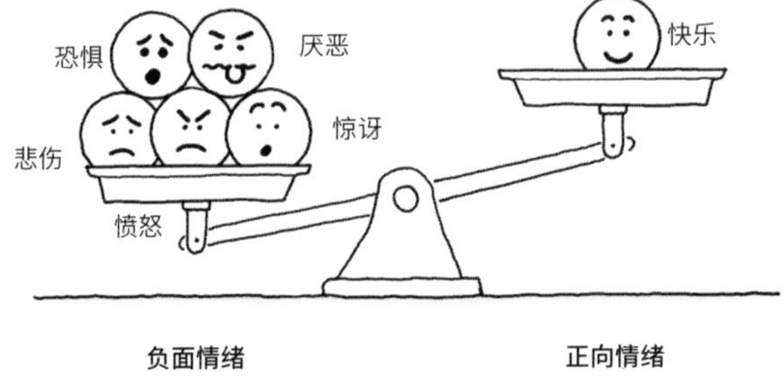

六种基本情绪

情绪是不对称的

32

感觉痛苦的方式比感觉良好的方式要多。痛苦的事件比快乐的事件持续时间更长，心理负担也更大，即使它们的程度相同。例如，研究表明，对于大多数人来说，损失 50 美元的痛苦大于获得 50 美元的喜悦。

这种倾向与我们远古时期的穴居生活息息相关。相比那些让人快乐的事情，我们的祖先需要对威胁他们生存的危险更加警惕。这种不对称性有助于解释为什么我们可以很快适应高薪工作带来的兴奋感，却会因为与同事的小争执而无休止地思考。

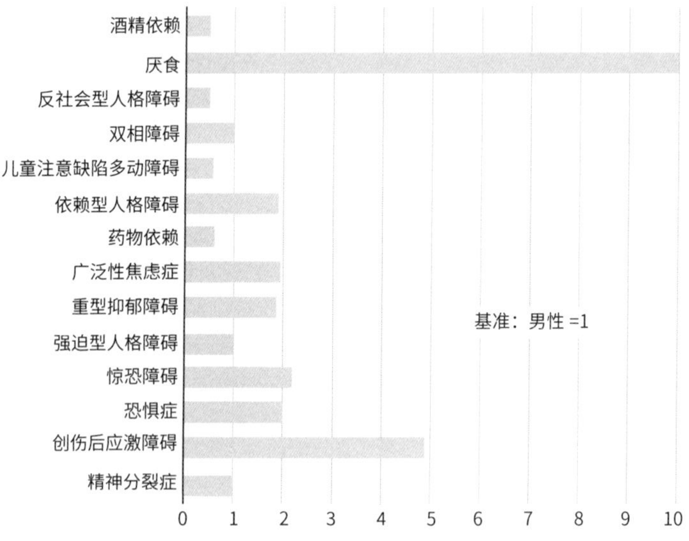

与男性相比，女性的发病率

33

男性和女性同样情绪化

女性比男性更有可能以焦虑或抑郁的形式将痛苦内化。而男性则更有可能把痛苦通过攻击性和其他失控的方式表现出来。

外向的人反应迟钝

外向的人可能看起来精力充沛，对周围发生的事情高度投入。但是，与直觉相反的是，外向的人的大脑对外部刺激的反应不如内向的人的大脑活跃。

外向的人和内向的人之间的差异从出生起就可以察觉，尽管并不总是以人们可能期望的方式。在研究中，一些婴儿对环境刺激反应较温和，例如挂在婴儿床上的手机，而另一些婴儿则反应较强烈。然而，安静的婴儿往往会变得外向，而活跃的婴儿往往会变得内向。研究人员推测，安静的婴儿不会被轻微的刺激打动；他们需要更高水平的刺激才能感到投入其中；成年后，他们寻求活跃的环境。对轻微刺激反应强烈的婴儿可能会感到不安；成年后，他们会寻找更安静的环境，这样他们就不会感到分心和不适。

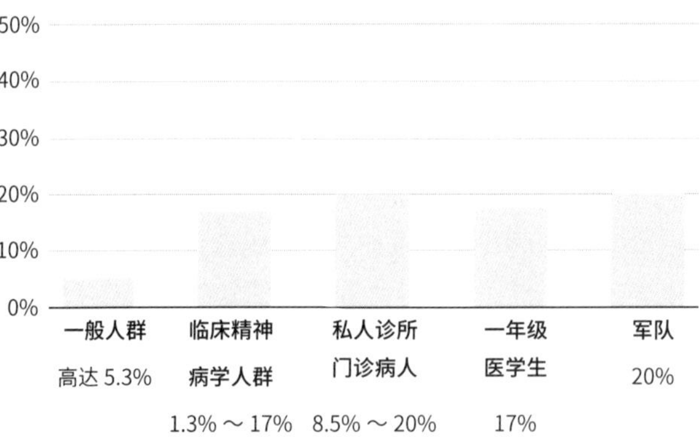

自恋型人格障碍的估计患病率

资料来源：Elsa Ronningstam, PhD, “Narcissistic Personality Disorder: Facing DSM-V,” *Psychiatric Annals*, March 2009

男性：自恋型≈女性：表演型

35

自恋者和表演者都是寻求关注的人。自恋者很自私，有一种自我膨胀感，并且缺乏对他人的关心，尽管在一段关系开始时，他们可能会表现得卑躬屈膝或善解人意，以吸引另一个人。表演者通过表面的情绪化、戏剧性、花哨、傻笑、调戏或轻浮来吸引他人的注意力。

在很多方面，自恋是对刻板男性行为的讽刺，而表演型人格障碍则夸大了女性行为。实际上，这两种疾病在男性和女性中都有发现。近 75% 被诊断患有自恋型人格障碍的人是男性，而表演型人格障碍在男性和女性中的发生率大致相同。

是啊，当他们赤
身裸体的时候。

男人很“有趣”

研究表明，大多数人认为男性比女性更有趣：我们倾向于认为某个笑话出自男性作者之手比出自女性作者之手更有趣。这可能是**光环效应**的一个例子。通过这种效应，人们对一个人（或性别）做出了最初的积极假设，这导致他们容易将额外的积极特征归因于这些人，即使这本不应该。

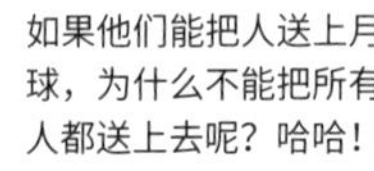
如果他们能把人送上月球，为什么不能把所有人都送上去呢？哈哈！

你疯了。

女人是“歇斯底里的”

癔症（hysteria）源自希腊语*hysterika*，意思是“子宫”或“发源地”。在古希腊，男医生认为子宫的缺陷会导致过度焦虑、昏厥、失眠、性侵犯和情绪表达。

这些观念持续了几个世纪。在维多利亚时代，医生对女性进行骨盆按摩，以诱发性高潮，并“恢复”她们的心理健康。19世纪80年代，J.莫蒂默·格兰维尔博士发明了机械振动器，将男医生从繁重的劳动中解放出来。他的发明由大型发电机供电，仅限于安装在医生的办公室。随着时间的推移，这种设备不断完善和小型化，最终进入了私人住宅。

到了20世纪，癔症不再与其子宫根源相关，而是成为形容任何处于长期情绪失控状态的人的词。但美国精神医学会直到1980年才将癔症性神经症从《精神障碍诊断与统计手册》中删除。

克制

抑制负面情绪，希望保持一种平衡的关系

发泄

让负面情绪飞走，表面上是将它们从自我中清除

情绪表露

深思熟虑地处理感受，以获得更理性的视角

发泄使我们更加愤怒

38

生气时，我们可能想尖叫或扔东西，认为最好“发泄出来”。如果事后感觉好多了，我们可能会把情绪的平复归因于我们发泄了出来。但研究表明，发泄往往会进一步增加愤怒，并推迟我们恢复情绪的时间。当我们最终平静下来时，我们还有与发泄之前相同甚至更多的工作要做。

39

任由我们的愤怒发酵，为愤怒转化为憎恨创造温床，这是不正确的。我们所能做的最好的事情就是诚实地面对自己的感受。

——内德拉·塔瓦卜，心理健康治疗师

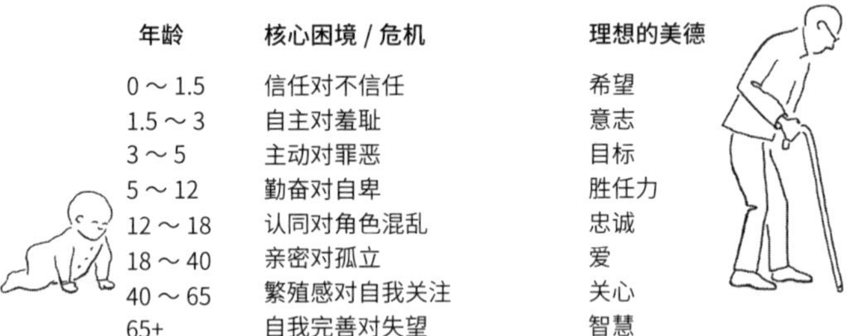

年龄	核心困境 / 危机	理想的美德
0 ～ 1.5	信任对不信任	希望
1.5 ～ 3	自主对羞耻	意志
3 ～ 5	主动对罪恶	目标
5 ～ 12	勤奋对自卑	胜任力
12 ～ 18	认同对角色混乱	忠诚
18 ～ 40	亲密对孤立	爱
40 ～ 65	繁殖感对自我关注	关心
65+	自我完善对失望	智慧

埃里克 · 埃里克森的人生发展八阶段

成年人的核心任务是自我完善

40

在成年早期，我们面临的主要挑战是将自己与原生家庭区分开来。随着我们不断成长，有关生活方式、事业和家庭的决定成为成人生活模式的一部分：我们工作，照顾我们所爱的人，并为我们的社区做出贡献。

在成年后期，主要的挣扎来自对人生选择的反思。心理学家埃里克·埃里克森将这种冲突定义为自我完善与失望的冲突。那些担心自己的选择很糟糕的人（例如，追求物质成功，而不是家庭和社会联系）可能会感到绝望。那些相信自己的生活过得很好的人可能会带着幸福感和满足感度过晚年。

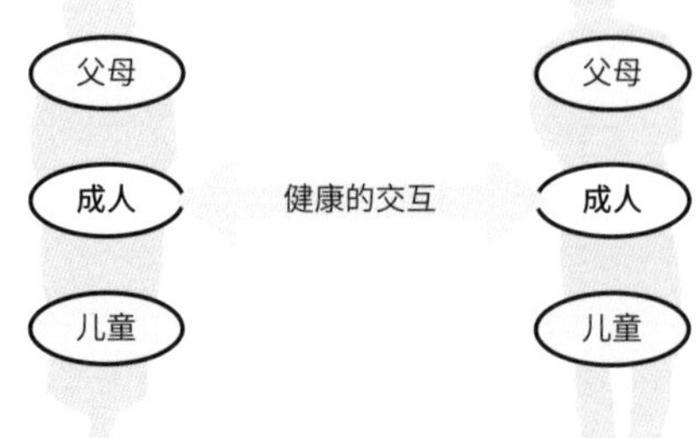

基于医学博士埃里克·伯恩的交互作用分析模型

成为一个成年人

成年人最好表现得像成年人一样。他们理性、真诚、恭敬地行事；将其他成年人视为同伴；建设性地、共情地解决分歧。但发生冲突时，我们很容易陷入一种不健康的亲子模式，这种模式讽刺了普通的亲子关系。父母是强大的、无所不知的、专横的、欺凌的、居高临下的，孩子是脆弱的、无知的、没有安全感的、服从的。沟通变得等级化，而不是点对点，变得具有操纵性，而不是公平和理性。

采用**父母模式**居高临下的人通常期望对方以**儿童模式**进行回应。感觉自己是受害者的一方可能会陷入“儿童模式”，将自己的处境归咎于对方，并要求他们解决问题，从而将违规方指定为“父母”。有时，双方都充当父母的角色，将对方视为孩子；这往往会导致令人沮丧的僵局。

在正常的**成人模式**中，我们不会伤害别人，也不会充当受害者。我们不会因为自己的处境而向他人灌输恐惧或责备他人。我们不会设置语言陷阱或发出隐藏的信息。我们接受他人的观点，并以同情心回应。我们足够自信，能够承认我们的缺点，并承担冲突中的责任。

反社会的 / 病态的

神经质的

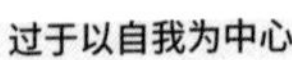

过于以他人为中心

责任太多还是责任不够?

42

神经质的人往往会对自己的行为承担太多的责任。他们反复质疑自己过去的行为，想知道是否可以采取不同的做法来取得更令人满意的结果。在考虑未来的行动时，他们对错误决定的恐惧会导致“分析瘫痪”。然而，因为神经质的人过于负责任，所以更倾向于与心理学家建立治疗关系。

有**人格障碍**的人（例如自恋者、精神病患者和反社会者）往往对自己的行为承担太少的责任。他们可能鲁莽、冲动，缺乏同理心。他们不倾向于内省，几乎从不寻求治疗。

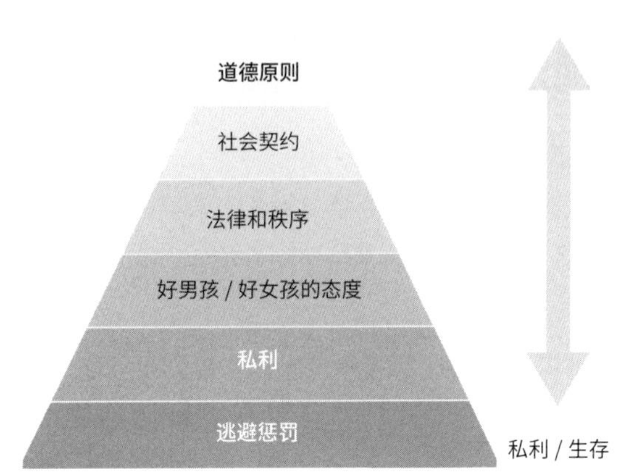

基于科尔伯格的道德发展阶段（1958 年）

有道德的人重视法律和秩序，非常有道德的人可能不会。

43

劳伦斯·科尔伯格在让·皮亚杰的儿童发展模型的基础上建立了一个道德发展模型。科尔伯格假设，随着个体的成熟，他们会经历越来越复杂的阶段，在这个阶段，他们会处理道德困境，分辨是非。

较低的阶段主要发生在儿童时期，以学习社会规则、避免惩罚和适应社会为导向。大多数成年人发展到第四阶段，他们寻求社会的正式法律来解决道德问题。在更高的层次上，人们追求一种能够符合人类普遍需求和愿望的道德，这可能与社会规范相悖。

44

罪恶感是有益的，羞耻感是无益的。

罪恶感是对自己所做的事情感到难受。源自自己不良行为的罪恶感告诉你，你本质上是善良的，知道对错。它可能促使你安慰那些你伤害过的人，修复你造成的伤害，或以其他适当的方式进行补偿。

羞耻感是对自己感到难受。它通常不会促使人采取努力去修复，而是导致一个人避开他人的目光，退回到自我，减少接触。罪恶感的积累如果不加以处理，就会变成羞耻感：我们做了一些错事，并为此感到内疚，但我们忽略了它；我们又做了其他错事，并忽略了它；最终，我们不仅为自己的过错感到难受，也为自己感到难受。

45

如何道歉

1. **不要只是做某事，要站在那。**不要急于说“对不起”，这不是重要的事情。相反，请仔细聆听，了解对方是如何受到伤害的。不要解释你的行为或意图，也不要进行反指控。

2. **你可以说“我为我所做的事感到抱歉”，并且要说实话。**为你的行为及其对他人的影响而道歉。不要通过说“抱歉，但是……”来表达“简单的道歉”，或“如果你受伤了，我很抱歉”。

3. **让事情变得完整。**让自己对自己的行为以及由此造成的伤害负责，并确定纠正问题的具体步骤。询问受害者你是否需要做些什么是很重要的，但主动解决问题而不是只按照受害者的要求行事也很重要。

4. **再也不会了。**如果你的行为不改变，道歉就没有意义。制订一个计划，以防止伤害行为再次发生。利用这个机会让你们的关系变得更加牢固。

感谢莫莉 · 豪斯

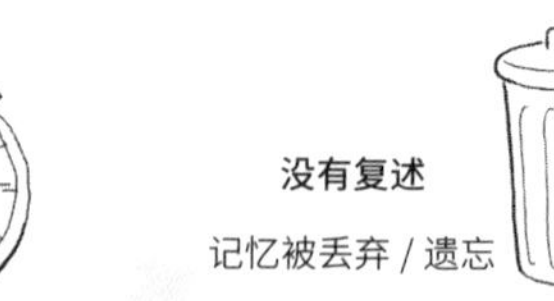

没有复述

记忆被丢弃 / 遗忘

刺激

外部来源

感觉储存

大脑非常短暂地保留了最初的感觉印象

短时记忆

刺激停止后可容纳 7 条以上的信息

复述

记忆被重新审视或强化

长时记忆

可以储存无限量的信息

提取 / 回忆

可能是永久性的

你忘记了刚刚遇到的人的名字，因为你没有复述它。

大多数人可以在脑海中记住 5~9 条新信息。但是，如果新信息不被使用或重复，它就会很快丢失。复述有助于训练大脑识别重要的新信息，并将其储存在长时记忆中，从而增加回忆的可能性。从理论上讲，在事故中失去知觉的人通常不记得该事件，因为他们没有机会在心里复述它。

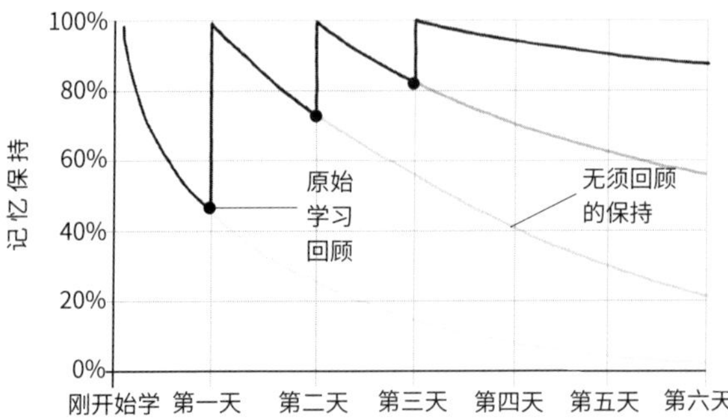
100%
80%
60%
40%
20%
0%
记忆保持
原始
学习
回顾
无须回顾
的保持
刚开始学
第一天
第二天
第三天
第四天
第五天
第六天

艾宾浩斯遗忘曲线

中断有助于记忆

47

重复的经历，如婴儿听到母亲的声音，会告诉大脑，有些重要的东西是要记住的。但令人惊讶的是，中断对记忆的保持起着重要作用。心理学家布卢马·蔡格尼克和库尔特·卢因发现，如果顾客还没有付款，服务员对顾客点的菜记忆深刻；但之后，他们很快就会忘记。卢因的理论认为，未完成的任务会建立一种“认知紧张”，从而提高记忆力。一旦任务完成，这种紧张感就会得到缓解，不需要的记忆就会被丢弃。

这也可以解释为什么成功地为考试而死记硬背的学生往往比其他学生更容易遗忘，以及为什么中断学习从事无关活动的学生比不中断的学生记得更牢。（Mckinney 1935；Zeigarnik 1927）

禁止
通行

48

遗忘使思维更有效率

一些研究人员认为，人们误解了记忆的目的：记忆并不是为了长期精确地传递信息而存在的。相反，它的目的是促进明智的长期决策。我们对过去经历的不完美回忆有助于实现这一目标：如果我们的记忆完美而精确，我们就会发现很难将从过去经历中学到的东西应用到新的环境中。例如，我们可能记得多年前差点被车撞，但却忘记了许多细节。这样我们就能够将最重要的经验留下来：过马路前要朝左右看两遍。

过于详细的记忆会导致僵化或削弱思维模式，从而限制人们的社会适应性和成长，这在患有创伤后应激障碍的个体身上可以观察到。

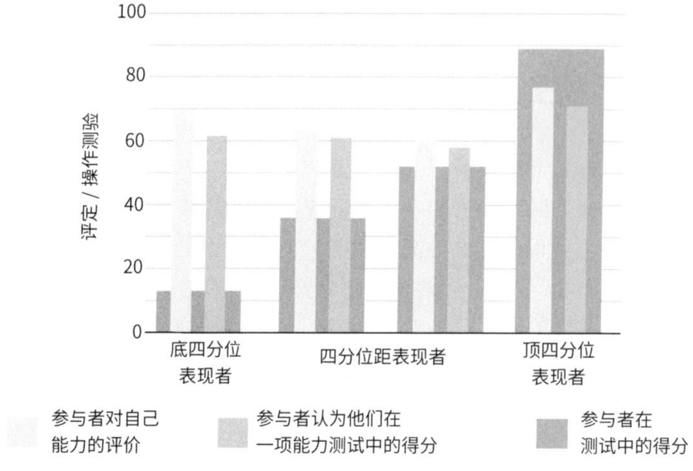

技能的自我知觉与现实中的表现

资料来源：J. Kruger, and D. Dunning, “Unskilled and unaware of it: How difficulties in recognizing one’s own incompetence lead to inflated self-assessments,” *Journal of Personality and Social Psychology 77*, no. 6 (1999): 1121–34

不聪明的人无法认识到这一点

大多数人对于实际技能，比如编织、打台球或运球等，有一个相当现实的认知。但是，当涉及更抽象或智力性质的技能，比如问题分析和逻辑推理时，我们往往对自己的能力估计不准确。高技能的人往往低估自己，而低技能的人往往高估自己。在后一种情况下，这是因为人们擅长某件事所需的技能，正是他们辨别自己不擅长某件事所需的技能。

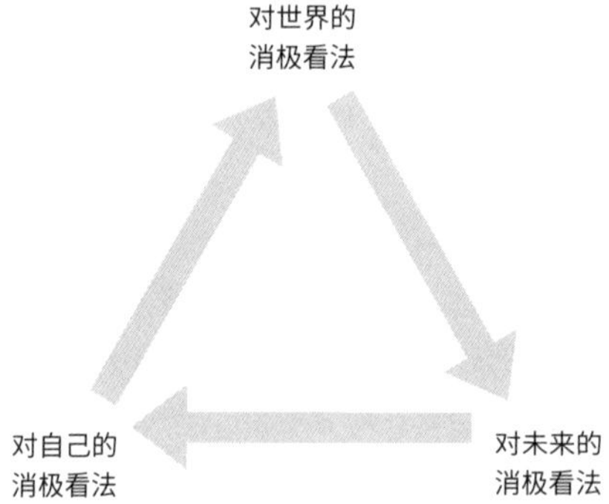

贝克的认知三联症（或消极三联症）

抑郁的人对现实的看法较为客观

早期的理论家认为，抑郁的人对自己有一种不准确的消极看法。近期的研究发现，他们往往能够相当准确地评估自己的缺点。研究还表明，快乐的人正好相反：他们往往认为自己比实际情况更好。

英国心理学家理查德·本托尔建议将快乐定为一种“主要的愉悦型的情感障碍”。他认为，快乐符合心理障碍的大部分标准：从统计上看，它是异常的，具有一系列离散的症状和认知异常，而且可能涉及中枢神经系统的异常功能。本托尔预料到了反对论点——快乐不能被视为一种障碍，因为它没有被负面地评价。他先发制人的回应是，以价值为基础驳斥一个论点是不科学的，因为科学必须是价值中立的。

本托尔并不真的认为快乐是一种心理疾病；相反，他想要表明，在不做价值判断的情况下，定义和诊断一种心理障碍是不可能的。

愚蠢、自私和健康是幸福的三个必要条件，但如果缺少愚蠢，一切都将失去。

——居斯塔夫·福楼拜

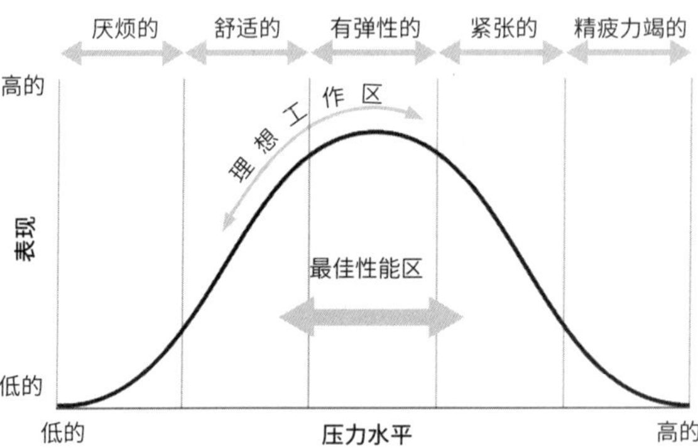

厌烦的
舒适的
有弹性的
紧张的
精疲力竭的
高的
理想工作区
表现
最佳性能区
低的
低的
压力水平
高的

52

适度的焦虑是有益的

焦虑是正常的，甚至是有益的。它可以在危险的时候给我们提醒，或激励我们完成任务。实际上，当我们带着一些焦虑去完成任务的时候，我们的表现往往会更好。但是，如果我们对一项任务过于焦虑，我们可能会失去专注力，表现不佳。

一个频繁出现强烈和持久性焦虑的人可能有一种障碍。那些没有经历焦虑的人也可能有一种障碍：虽然这可能表明一种冷静、自信的性格，但它也可能是缺乏动力或抑郁的症状。一个从未经历过焦虑的人可能情绪麻木，容易过度冒险。

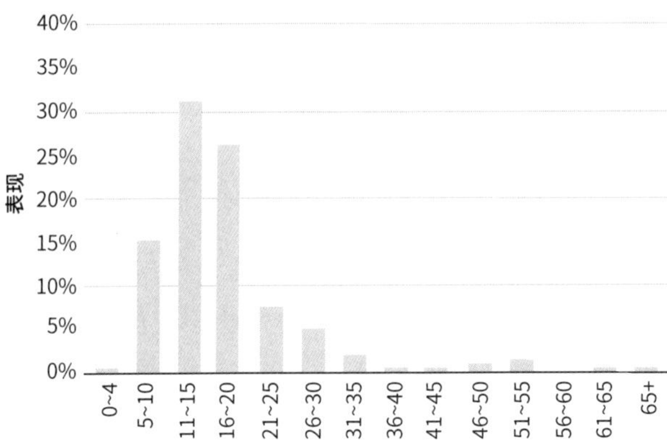

你第一次经历表现焦虑是在几岁？

资料来源：composeddocumentary.com 对音乐家健康状况的调查，2015 年

53

独自完成困难的任务，而在他人面前完成简单的任务。

当焦虑增加时，人们通常会在**个人能力范围内的任务**中表现得更好：学生在截止日期临近时会更专注高效地完成论文；歌手在观众面前能够更完美地唱出高音；运动员在紧张的比赛中如果有热情的观众为他们加油，会发挥得更好。

当焦虑增加时，**超出个人能力范围的任务**往往会受到影响。如果学生对所写论文的内容不理解，那么在截止日期临近时，论文的质量就会降低；如果演员不熟记台词，他的表演会更糟糕；如果运动员对某个动作不熟悉，就不太可能完成关键的比赛。

如何训练宠物

采用行为捕捉法。奖励并建立在动物已经表现出的行为之上。例如，如果你注意到你的狗要打喷嚏，就下达指令：“打喷嚏！”然后立即给予狗狗奖励。最终，狗狗就可能会按指令打喷嚏。

从小事做起，逐步建立。复杂的行为可以通过奖励简单的行为，然后逐渐奖励更接近预期结果的更复杂的行为来教导。 54

不要每次都奖励。如果只偶尔奖励一种行为，动物就不会习惯于为获得奖励而执行某种行为，而是更有可能在没有奖励的情况下执行该行为。

在动物掌握一种行为后，继续给予偶尔的奖励。从长远来看，如果一只狗永远不会因一种行为而得到奖励，它可能会失去动力。偶尔的奖励和认可的信号将帮助你的宠物保持行为与积极结果之间的联系。

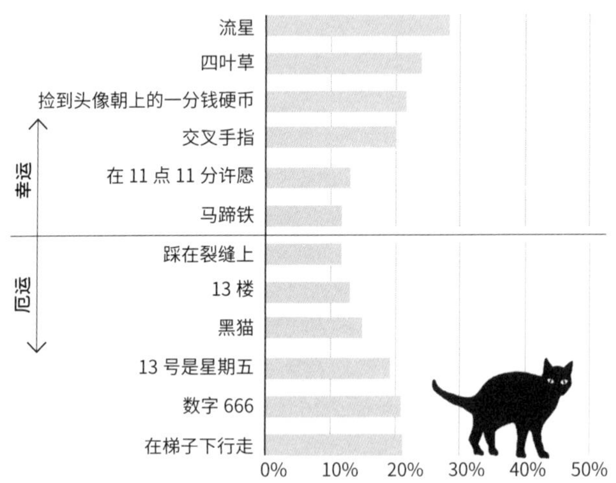

持迷信观点的受访者比例

资料来源：数据网站 YouGovAmerica 对 1 000 名美国人进行的民意调查，2022 年 4 月 26—30 日

55 迷信源于无意识的强化

当好事或坏事发生时，我们可能会将其与同时发生的不相关的事情联系起来。一个学生在考试中取得了好成绩，可能会把这归功于自己穿了一件蓝色 T 恤，然后在以后的所有考试中都穿这件 T 恤。一名棒球运动员在击中一球之前在板上轻拍了三次，他可能认为这样的动作会让他成为更好的击球手。这些关联是**谬误相关**的结果，即错误地认为不相关的事件有关联。我们经常基于单个案例进行这样的概括。

行为主义心理学家 B. F. 斯金纳认为，鸽子的行为类似于人类的迷信。他定时给它们喂食。如果他恰好在鸽子咕咕叫或歪头之后喂食，那么鸽子会再次用咕咕叫或歪头来获取更多食物，尽管这种行为和喂食无关。

量级

奖励的大小

效价

奖励的价值

期望

获得奖励的可能性

外在激励的组成部分

奖励可能会适得其反

对于本来就喜欢从事某种活动的人，向他们支付报酬或给予冰激凌等**外在**奖励，可能会削弱他们的**内在**动机。他们不再继续从过程（例如练习钢琴或学业优秀）或最终结果（掌握一项技能）中获得乐趣，相反，他们可能会减少努力，并将注意力转移到奖励上。

类似地，或者可能相反，惩罚有时会加剧它本想遏制的行为。在一项研究中，一些家长迟迟不去日托中心接孩子。于是，该中心引入了迟到费用，以阻止迟到，然而，随后更多家长接孩子时迟到。通过制定一项针对迟到的政策，该中心无意中为家长提供了一个借口：支付费用就能为迟到找到理由。

满足者

- 做出足够好的决定
- 不纠结于各种选择
- 做出决定后继续前进
- 对结果更满意

最大化追求者

- 力求做出完美的决定
- 仔细考虑各种选择
- 事后怀疑自己
- 更有可能为自己的决定感到后悔

选择越多，失望就越多。

大多数人在面对决定时，最多能够处理大约七个选择。当在选择范围中增加更多选择时，我们往往会感到困惑和沮丧。特别是当选择数量极多时，可能会让人感到焦虑，因为我们可能会认为其中一个选择是完美的。对于错误选择的担忧可能会超过一个优秀甚至足够好的选择的潜在愉悦感。在我们做出决定后，对其产生的第一个失望迹象可能会使我们想象，如果我们做了不同的选择，可能会获得更大的满足感。

DD

如果人们一生都在寻求足够好的结果，那么选择问题将会自行解决。每天喝一杯足够好的咖啡，吃一个足够好的烤百吉饼等，生活就会看起来更加阳光明媚。

——巴里·施瓦茨，美国心理学家

麦凯拉·马罗尼

2012 年夏季奥运会跳马银牌得主

铜牌胜过银牌

我们在比赛结束后的幸福感不仅取决于我们的表现，而且取决于它与更好或更差的结果有多接近。对奥运会奖牌得主面部表情的研究发现，获得第三名的选手通常比获得第二名的选手表现出更多的幸福感。银牌得主可能会被那一刹那与金牌失之毫厘的遗憾困扰，铜牌得主却能想象出，那一刹那差点儿让他空手而归。

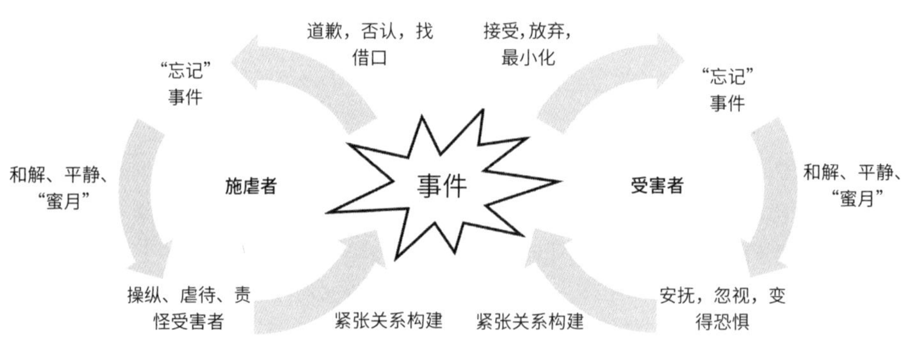
道歉，否认，找
借口
接受，放弃，
最小化
“忘记”
事件
“忘记”
事件
和解、平静、
“蜜月”
施虐者
事件
受害者
和解、平静、
“蜜月”
操纵、虐待、责
怪受害者
紧张关系构建
紧张关系构建
安抚，忽视，变
得恐惧

虐待循环

施虐者会找那些不会拒绝的人

虐待的受害者不想要，也不应该受到虐待。但是，那些童年时受过虐待的成年人可能会无意中导致进一步的虐待。他们可能会忽视来自新朋友、伴侣或同事的轻视、贬低、操控，因为童年的回声似乎很熟悉和正常。这可能会为施虐者更恶劣的不当行为打开大门。同样，施虐者倾向于将自己的行为视为正常或正当的，并寻找更能接受他们的人。

童年时没有受过虐待的成年人似乎更有可能拒绝施虐者，这不一定是因为他们能识别出施虐者，而是因为他们认为施虐者无关紧要、无趣、令人讨厌。

伙计，你得放下那个模型！现实不是二元的，它是灰色的多样性！

那种“一个模型必须是完美的，否则就不能使用它”的论断，本身难道不是二元思维吗？
满足者
最大化追求者

忽略现实的某些部分时，我们会更好地理解现实。

一张普通的路线图并不是现实，它只是现实的一个模型。它之所以有用，是因为它是有选择性和不完美的：如果一张地图准确地表现了一个景观的每个方面，那么它在帮助人们穿越它时就没有什么价值了。

语言也是一种模型，它对现实的描述并不完美。比如，“蓝色”并不能完美地传达某个蓝色物体的颜色，因为它不可避免地比人们脑海中所想的蓝色更浅或更深，或者带有更多的绿色或红色。但这并不会降低“蓝色”作为一种模型的价值；如果没有这些不完美的描述词，我们如何描述事物？

当自以为是的人因为一个模型的缺陷而摒弃它时，可能是因为他们误解了模型的意义。他们可能会认为，提出模型的人是在辩称模型就是现实，而实际上，它只是用来观察现实的一种视角。他们可能不明白，接受一个模型并不意味着要贬低或否定所有其他模型。蓝色的物体也可以是长的、沉重的、光滑的，而且可能带有些许绿色。如果我们只寻求完美和完整的模型，就无法更全面地理解和接近现实。

可复制性

他人是否可以重复该研究
并得出相同的结果？

效度

该研究是否测量了它想测
量的东西？

原因可能是结果

当我们微笑时，**颧肌**会拉起嘴角。这些肌肉很容易被有意识地锻炼，使我们可以“假笑”——在我们不高兴的时候表现出我们很高兴。而真正的、**杜氏微笑**源自内心的快乐。它会引起眼周围肌肉**眼轮匝肌**的不自觉收缩。

在一项经典研究中，研究人员分析了 141 名女性在大学年鉴照片上的笑容，并对她们进行了 30 年的跟踪调查。那些展现出杜氏微笑的人往往比笑容不太明显或勉强的学生更长寿，离婚更少，整体幸福感也更高。另一项对棒球卡片上球员照片的研究也得出了类似的结论。

最近的研究发现，有些人可以主动激活眼轮匝肌，这让人们对杜氏微笑长期以来的理解产生了怀疑。此外，目前并不能确定这些学生和球员的成功是因为他们容易微笑，还是因为他们的生活本来就比同龄人更好。这将使他们更有可能在当时真诚地微笑，在生活中走向成功。

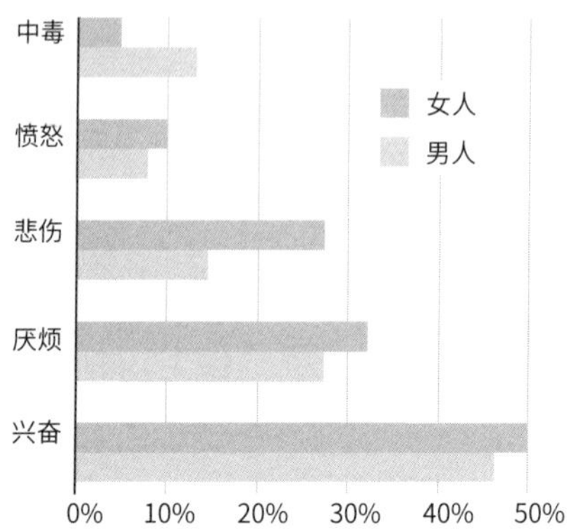

冲动购物者的心理状态

资料来源：美国信用卡门户网站 Creditcards.com 对 1 000 名美国成年人进行的调查，2014 年 12 月

在消费和体验之间创造一些空间和时间

花钱购买一件产品或服务会激活大脑中因预期疼痛而激活的相同区域。因此，企业经常在消费的痛苦和获得的回报之间制造距离。例如，主题公园和度假目的地经常提供预付的促销和折扣。当体验开始时，花钱的不适感会减轻，留下更多的空间来享受。具有讽刺意味的是，这可能会增加人们在体验过程中花更多钱来升级、购买纪念品和零食的可能性。

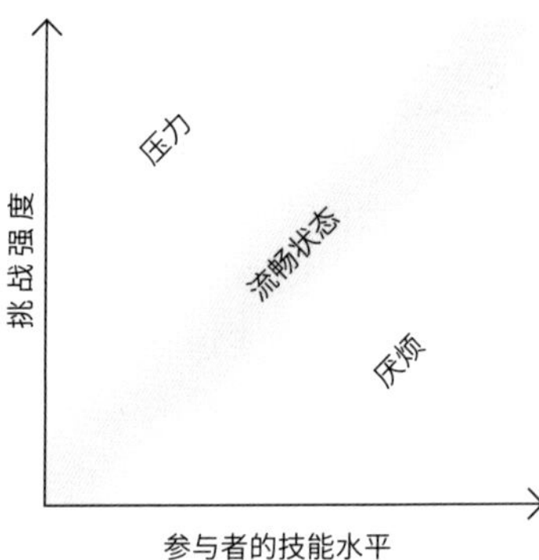
挑战强度
压力
流畅状态
厌烦
参与者的技能水平

64

时间是可塑的

阿尔伯特 · 爱因斯坦指出，时间流逝的速度取决于距引力中心的距离和运动速度。虽然这种差异很小，在日常生活中难以察觉，但它直接影响了 GPS（全球定位系统）。一个绕地球轨道运行的 GPS 卫星距地球引力中心的距离比地球表面远，因此必须比地球表面更快地运动，才能保持与地球表面的相对恒定位置。因此，卫星时钟比地面时钟每天慢约 3 800 万分之一秒。GPS 不断修正这种差异，以避免用户层面的误差。

即使对于生活在地球上的我们来说，时间的流逝速度是相同的，我们对时间的感知也可能会有所不同。当一个人全神贯注于一项活动时，他对时间的感知就会发生变化，会出现**心流体验**。例如，许多优秀的橄榄球跑卫和篮球运动员表示，当他们达到巅峰状态时，比赛似乎变得缓慢了。一位艺术家或工匠沉浸在创作一件新作品中时，可能会觉得时间只过去了几分钟，而不是时钟上显示的几个小时，或者可能会在很短的时间内完成几个小时的工作。

当一个人有更多的工作要在有限的时间内完成时，可以通过为他人行善来缓解压力。虽然这样做实际上让我们有更少的时间，但它可以创造出一种新的时间充裕感，增强我们完成关键任务的信心和动力。

12
1
2
3
4
5
6
7
8
9
10
11

时间是相对的，它唯一的价值取决于在它流逝时，我们怎么做。

——阿尔伯特·爱因斯坦

冥想不能让头脑清醒，它能集中注意力。

冥想专注于单一的任务或概念，比如专注于自己的呼吸。在冥想过程中，当杂念冒出来时，我们会意识到并承认它们，然后不加评判地让自己的注意力重新回到专注的事情上。

通过练习将干扰性思绪引导回去，我们可以更好地识别和管理日常生活中有用和无用的事物，从而提高生产力和个人幸福感。

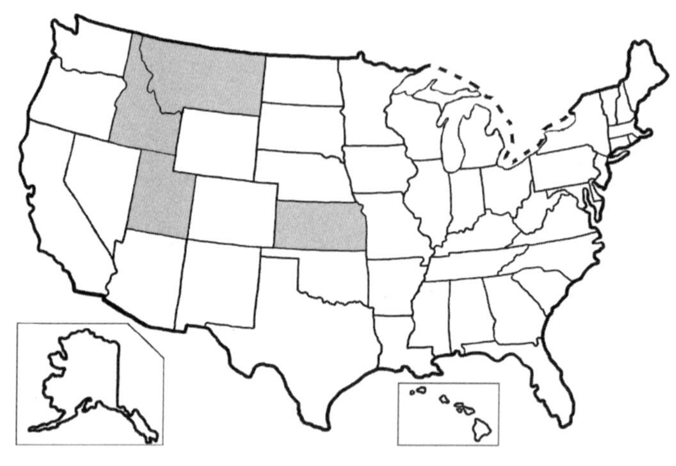

不允许精神病辩护的州[1]

1 本书插图系原文插图。——编者注

精神错乱是一个法律术语，不是心理学术语。

心理学家从不会把患者诊断为“精神错乱”，这个词也不会出现在美国精神医学学会的《精神障碍诊断与统计手册》中。“精神错乱”是法院用来区分有罪与无罪的一个概念。它描述的是被告由于精神病或缺乏冲动控制而无法分辨是非，分清幻想与现实，或者无法正常运作的状态。

67

阴性症状

- 难以启动计划、说话、表达情绪
- 思维和言语混乱
- 逻辑困难
- 注意力和记忆力缺陷

阳性症状

- 出现幻觉、幻听
- 偏执妄想
- 夸大或扭曲的知觉
- 异常的行为或动作

对药物反应不太灵敏 ⟷ 对药物反应较灵敏

精神分裂症不是多重人格障碍

患有精神分裂症的人难以区分真实和不真实的经历。研究表明，这种困难是感觉门控机制缺陷的结果。这种机制帮助正常人屏蔽外围刺激，专注于核心任务。大多数人在参加鸡尾酒会时可以轻松忽略闪烁的灯光或附近的对话，但精神分裂症患者可能会受这些刺激的困扰。这也许可以解释幻听的常见症状：一个健康的人会认识到“内心的声音”是自己的想法，但精神分裂症患者可能难以将它们与无数其他刺激区分开来，从而混淆了它们的来源。

血清素

稳定情绪，产生幸福和快乐的感觉；
有助于睡眠、饮食和消化

多巴胺

快乐；在大脑的奖励系统中
发挥激励作用

内啡肽

减轻疼痛感，起到镇静剂的作用，
有助于放松；产生“跑步者的快感”

催产素

亲情、爱、信任；还控制女性
生殖系统的关键部分

药物是模仿者

百忧解、利他林和类似的药物之所以有效，是因为它们与大脑自然产生的化学物质相似。大脑对百忧解和利他林的受体是天然设计用于接收血清素和多巴胺的。

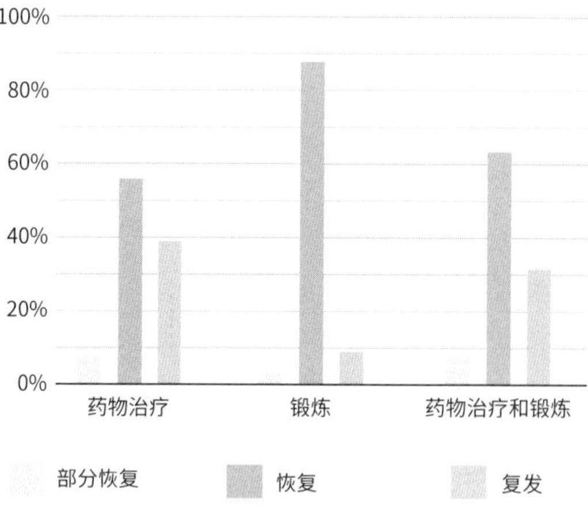

抑郁治疗开始后 10 个月的临床状态

资料来源：*Psychosomatic Medicine: Journal of Biobehavioral Medicine*

锻炼胜过左洛复

2000 年，杜克大学的医生迈克尔 · 巴比亚克进行了一项研究，招募了一些临床抑郁症患者。第一组患者被开具了抗抑郁药左洛复的处方，第二组患者被开具了锻炼处方，第三组患者被同时开具了这两种处方。在四个月内，那些只进行锻炼的患者从抑郁中恢复的可能性和那些服用左洛复的患者一样。六个月后，只进行锻炼的患者的表现甚至比服用左洛复的患者更好。

不同组的患者对自己的治疗方法产生了明显不同的看法。虽然所有患者都在按照处方进行治疗，但通过药物治疗改善的患者倾向于认为他们的改善和他们的抑郁，是由他们无法控制的因素造成的。但只进行锻炼的患者倾向于认为他们的改善来自内部因素——他们自己。左洛复有助于患者康复，而锻炼使他们变得更有力量。

THE CAT

我们把单词作为一个整体来读，而不是逐个读每个字母。

我们的大脑不会单独识别每个信息片段，而是寻找更大的模式。当大脑接收到不完整的信息时，会自然地填补空缺或进行修正，以使其与先前的经验、现有的知识结构和情境期望相一致，从而形成一个整体。大脑的运作就像是在解读一幅点彩画，通过理解点是如何共同形成一幅图像来检测图像，而不是试图理解每个点的意义。

71

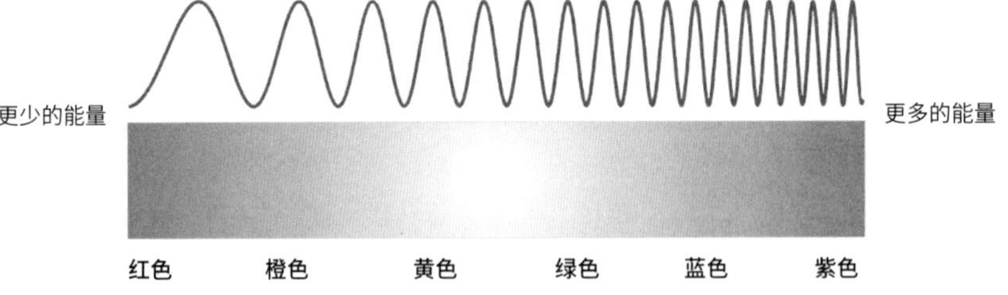

可见光光谱

物体的颜色是我们看到其反射的光

当光照射到物体上时，一些光波被物体吸收，而另一些则被反射回来。红色物体吸收了除红色以外的所有颜色，并将红色波长反射回我们的眼睛。黑色物体有效地吸收了所有波长的光，不反射任何光，而白色物体几乎不吸收任何光，几乎反射所有波长的光。我们根据物体反射回来的波长而不是吸收的波长来识别它们的颜色。

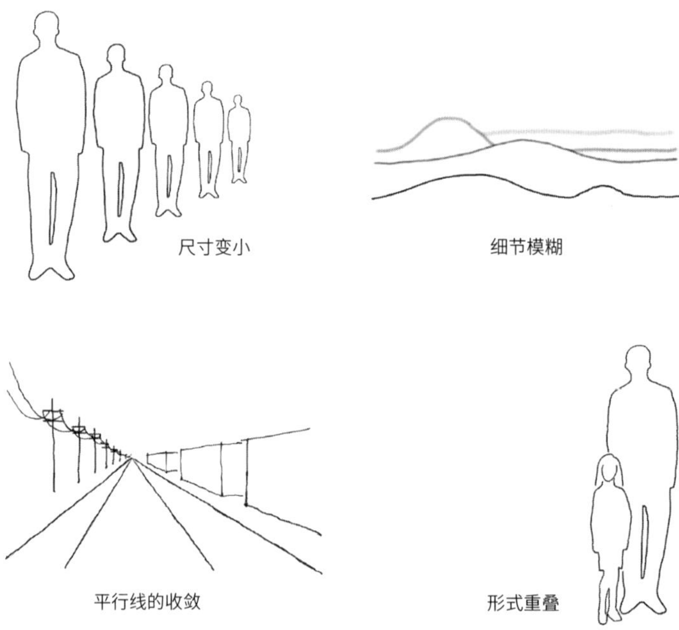

一些感知深度线索

大脑“看”到的比眼睛看到的多

当光线进入眼睛时，它会在眼球后部的感光组织——视网膜上产生图像。大脑会将这个图像与其他信息（来自另一只眼睛的信息、来自物理环境的背景信息以及现有的心理模型）结合起来，从而推断出三维空间。

大脑甚至填补了由于视神经与视网膜相连的地方缺乏感受器而导致的眼睛固有的盲点。

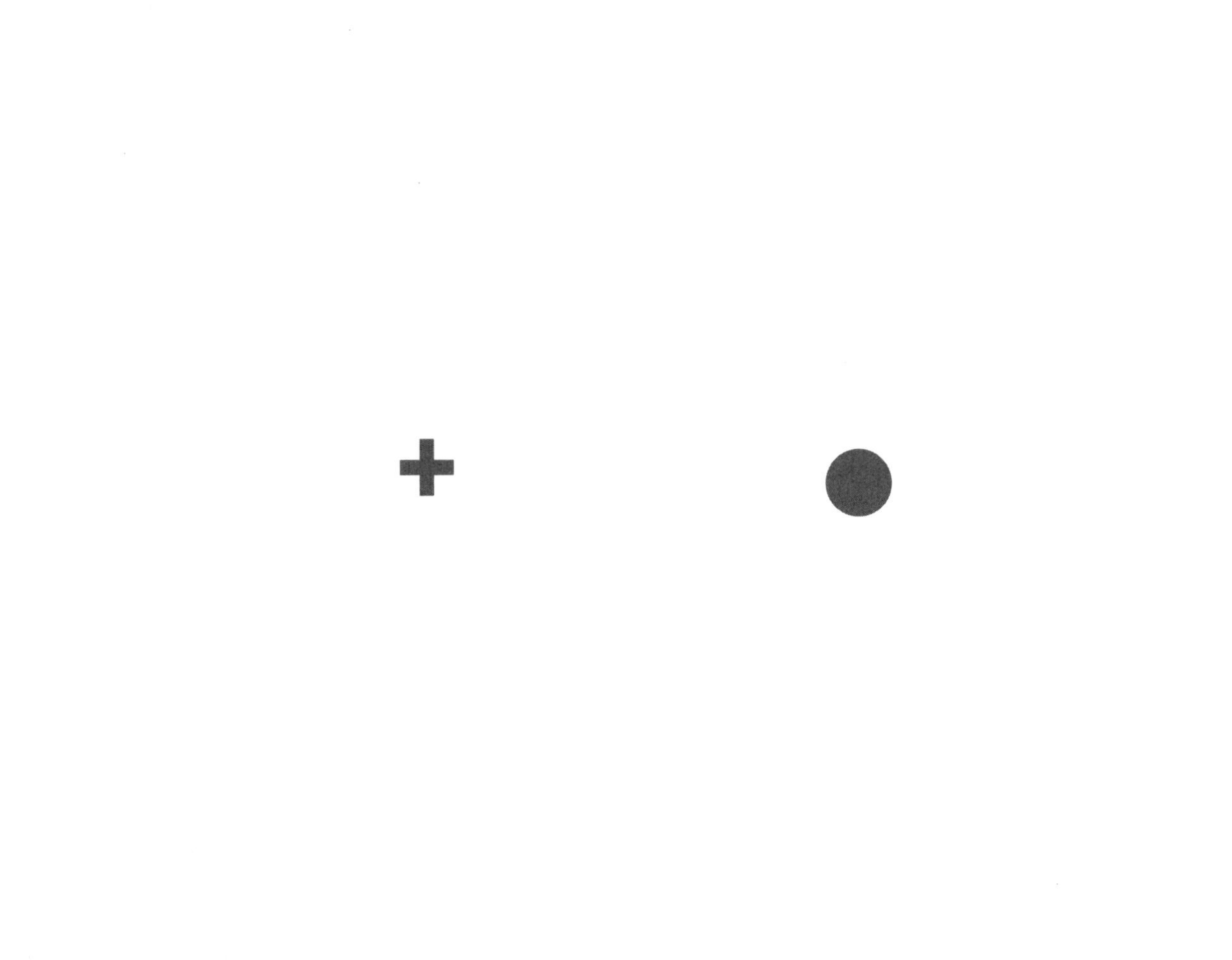

如何找到你的盲点

1. 将图形放在左手边的页面上，正对着你，让你的鼻子位于十字和圆圈之间。

2. 闭上左眼，用右眼盯着十字，同时保持对圆圈的周围视野的感知。

3. 缓慢地将页面靠近或远离你，同时专注于十字。

4. 当圆圈消失时，它位于你的盲点，即视网膜上没有视神经的地方。

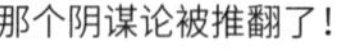
那个阴谋论被推翻了！

他们就是想让你这么想。

我们通过改变最容易改变的东西来解决失调

认知失调：由于持有自相矛盾的信念、价值观或态度而产生的心理不适。通常，我们通过“解释”这种差异来缓解不适，而不是诚实地解决它。

认知偏差：由于认知有限或信息有限而导致的推理错误。

巴纳姆效应：倾向于接受模糊的信息，比如心灵感应或占星术，即使这些信息毫无意义，也会被视为真实的。

证真偏差：倾向于忽视与自己先前信念或理论相互矛盾的新证据，或者以有利的方式解释它，以证实自己的观点。

事后诸葛偏差：相信自己可以预测或阻止已经发生的事情，就像马后炮一样。

行动者-观察者偏倚：倾向于将他人的行为归因于他们的人格（“那个打断我的家伙是个浑蛋！”），而将自己的行为归因于外部情境因素（“其他人都指望我不迟到”）。

自利偏差：行动者-观察者偏倚的一个例外。在这种偏差中，个体将自己的成功归因于个人特质或主动性（“我学习真的很努力”），而将失败归因于外部环境（“这个考试不公平”）。

参考线

比较线

阿希从众实验

心理学家所罗门·阿希进行了一系列名为阿希从众实验的研究。在这些实验中，他向一组学生展示一张上面有一条线的卡片，然后再展示一张上面有三条线的卡片。他要求学生辨认出第二张卡片与第一张卡片上长度相匹配的那条线。

在每个实验组中，只有一名学生是真正的被试；其他人都是阿希事先指导过的演员，他们会给出特定的答案。阿希发现，当一两个演员故意给出错误答案，而其他人给出正确答案时，这对被试的反应几乎没有影响。但是，当有三个或更多的演员给出错误答案时，被试的从众行为明显增加。当所有演员都给出相同的错误答案时，约三分之一的被试表示同意。

当被问及为什么他们跟随群体选择错误答案时，大多数研究对象表示他们想避免被大家嘲笑。人们普遍认为，在日常生活中，这种从众的心理更加强烈，因为对与错的答案通常远没有那么明显。当我们周围的人具有较高的社会地位，并且任务变得更加困难时，从众压力将进一步增加；我们的不安全感或不确定性促使我们转向他人寻求洞察力。

你是与你相处时间最长的五个人的平均值。

——吉姆·罗恩，作家、励志演说家

77

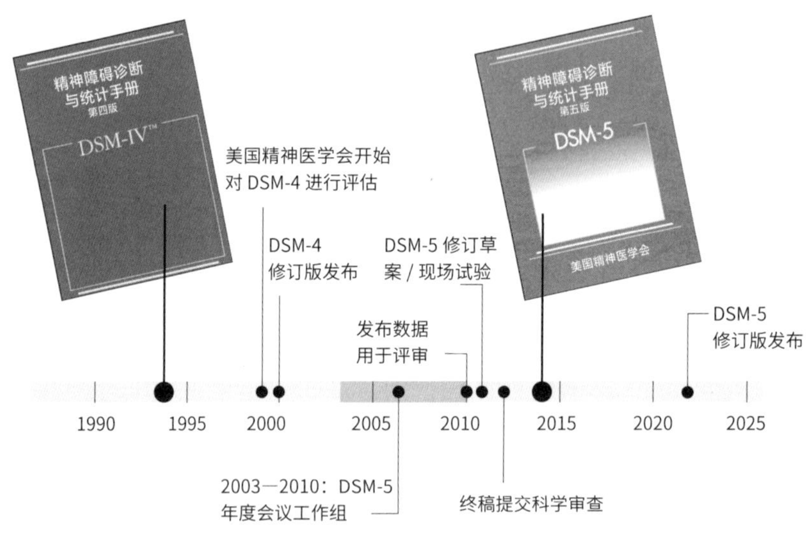

《精神障碍诊断与统计手册》的起草、出版和修订

新信息是旧的

已发表的研究成果成为公认的实践，大约需要 17 年时间。编写一本新的心理学教科书需要数年时间，这意味着课堂教学可能落后于时代 20 多年。

2017 年的一项研究发现，大多数心理学教科书包含了具有里程碑意义的心理学研究，这些研究已经被大幅修订，甚至被驳斥。例如，许多教科书引用了 1964 年在纽约皇后区发生的基蒂 · 吉诺维斯谋杀案作为**旁观者效应**的一个例子。旁观者效应理论认为，当有其他人在场时，人们不太可能帮助受害者。据说，有数十名邻居目睹了歹徒对吉诺维斯的袭击，但他们没有干预，也没有报警。然而，几十年后的调查显示，这些报道在当地报纸上被夸大了。

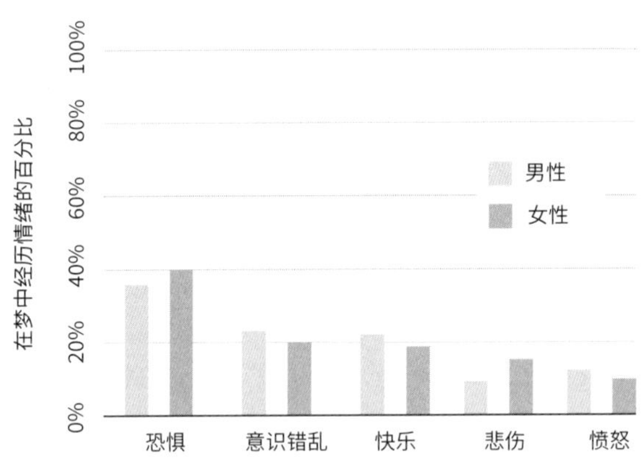

据报道的人们在梦中所经历的情绪

资料来源：卡尔文 · 霍尔和罗伯特 · 范德卡斯尔在统计数据网站 Five Thirty-eight 上发表的研究

研究梦是很难的

科学家对梦的功能或意义知之甚少。西格蒙德·弗洛伊德认为，梦境涉及被压抑的欲望和冲突，尽管没有科学证据表明，未解决的童年问题会导致亚伯拉罕·林肯在洗车店被追赶。

心理学家卡尔文·霍尔试图将梦的研究建立在实证基础上。他收集了5万份梦境报告，发现世界各地的人们存在着相似的模式，尽管具体的梦境元素频率差异很大。他认为，这些发现表明，我们的梦境与我们清醒时的关注和兴趣有关。

神经学家艾伦·霍布森认为，梦是大脑随机脉冲的结果，这些脉冲会形成偶然的叙述；当大脑将它们与非梦境中的想法和情绪联系起来时，这些叙述就变得有意义了。

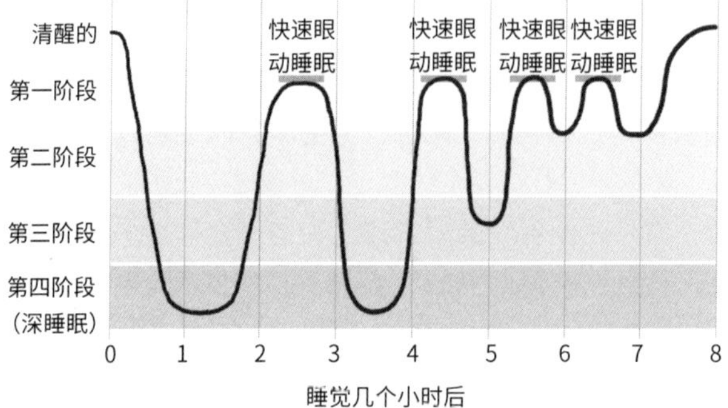
清醒的
第一阶段
第二阶段
第三阶段
第四阶段
（深睡眠）
快速眼
动睡眠
快速眼
动睡眠
快速眼
动睡眠
快速眼
动睡眠
0
1
2
3
4
5
6
7
8
睡觉几个小时后

典型的 8 小时睡眠周期

小睡时间最好少于 20 分钟或超过 90 分钟

当我们睡觉时，我们的大脑会在快波活动（浅睡眠）和慢波活动（深睡眠）之间循环。在前 20 分钟内，我们处于快波睡眠阶段，这使得我们更容易醒来，因为此时我们的大脑活动与清醒状态时相似。但随着脑电波越来越慢，我们在醒来时很容易感到疲惫不堪。大约 90 分钟后，大脑再次回到快波睡眠，这样醒来时更容易感到精神焕发。

罗伯特 · 扎伊翁茨的纯粹曝光效应 / 熟悉定律

熟悉并不总是滋生蔑视

一个有机体接触不熟悉的刺激越多，假设这个刺激不构成威胁，有机体就会逐渐对它表现出更大的喜爱。最初感到恐惧的有机体甚至可能会积极地寻求这个刺激物，并对它产生亲近的反应。这种**纯粹曝光效应**是大多数广告的核心：我们越多地看到某个产品，就越有可能购买它。

对于令人不快、危险或恼人的刺激物，情况正好相反：重复的曝光通常会放大最初的负面情绪。然而，对引发恐惧的刺激物进行精心控制的暴露可以减轻或消除**恐怖症**，这些恐怖症大多是毫无根据或不合理的恐惧。如果恐惧的刺激物以小剂量的形式引入（比如让一个恐高的人爬一级楼梯），那么这种恐惧可能会小到足以控制。随着时间的推移，对于这个小小的步骤所产生的恐惧就会消散，人们就能够完全面对之前害怕的刺激物。

最后读中间部分

阅读学术研究论文时，最好不要按照页面上的顺序阅读。相反，应该先阅读引言，然后阅读最后的讨论部分，以对更复杂、更详细的中间部分有背景性的了解。

一篇学术论文的主要部分包括：

1. **引言**：对论文的主题进行前期研究综述。结尾部分提出一个或多个之前研究未能回答的问题，为当前的研究奠定基础。
2. **方法**：描述该研究中使用的技术和方法。
3. **结果**：呈现研究数据，通常以表格和图表的形式，并配以叙述性的解释和总结。
4. **讨论**：提醒读者该论文试图解决的问题、主要发现，并指明未来的研究方向。

Psych 1

如何进行教学

1. **做好准备，但不要过度准备。**按照你希望呈现的顺序组织内容，但不要过于死板。将最不重要的材料放在中间。如果时间不够，这部分可以省略。
2. **课程开始之前就进入状态。**当学生进入教室时，询问关于他们自己的情况。记下他们提到的内容，可以为课堂提供参考。
3. **从结尾开始。**在讲课时，从你希望学生在课后记住的信息开始。
4. **互动。**在讲解每个重要的想法后，向学生提问。使用点击器技术实时了解学生的理解情况，然后再继续讲解。
5. **允许学生塑造课堂的方向。**相信自己能够跟上课堂中出现的相关话题，并确保在课堂接近结束时达到计划的高潮。
6. **将最重要的内容留到最后。**无论课堂进行得怎样，至少留出 10 分钟来讲解最后的内容，这样你就不会过于匆忙地结束。
7. **保持学生心态。**当我们试图为自己回答问题时，才能更有效地教学。设计你的讲座来探讨对你来说重要的问题。将你的材料与最新的研究和时事联系起来。

1 图中文字意为：《不顾需要而使用高深学术词语的后果——不必要地使用长词的问题》，丹尼尔·M. 奥本海默著。——译者注

言语越复杂，智力越低。

心理学教授丹尼尔 · M. 奥本海默研究了我们的用词如何影响他人对我们智力的看法。他把各种文章中的长词换成了短词，并要求研究参与者评价“作者”。参与者一致认为，使用较短单词的版本是更聪明的人写的，并将其与积极的个人品质，如能力、自信和亲和力联系在一起。

将研究扩展到其他领域时，奥本海默发现，人们不太可能购买名字拗口的公司的股票。使用长词的企业领导会让员工感到沮丧和困惑，因为员工通常会忽略新政策和指令中的复杂词语。奥本海默甚至认为，在选举中，名字拗口的政治家处于不利地位。

84

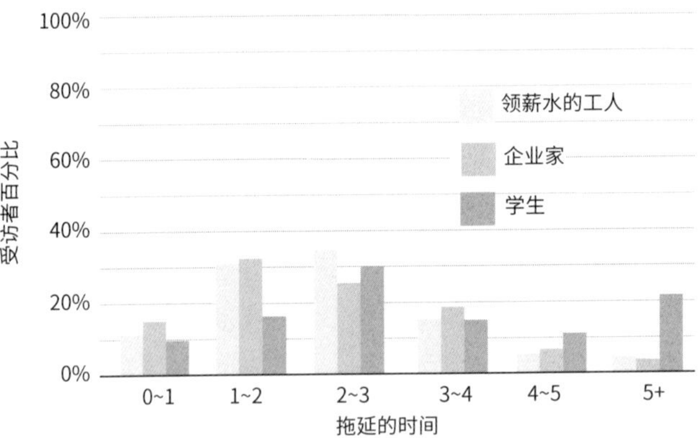

昨天你拖延了几个小时？

资料来源：达赖厄斯·弗鲁对 2 219 人进行的调查，dariusforoux.com

小问题不解决，就会变成大问题。

生活要求人们解决问题，比如修理一下汽车，与老板进行艰难的讨论，与爱人妥协等等，但人们很容易否认或拖延处理问题。我们想让问题自生自灭，希望它自动消失。然而，当问题并未消失时，我们对问题的感觉就会更糟，而对自己的拖延感到更加自责。我们的焦虑加深，并蔓延到生活的其他方面，我们也开始忽视其他问题。我们变得易怒、羞愧和沮丧，对本来不应该生气的事情也会感到愤怒。我们整天背负着一种无形的、沉重的负担，而它的确切来源已经无法确定。

我们可以在解决生活中的小问题时合理地受苦，或者在未来的道路上面对更难解决的问题。

在生活中，我们不能总是控制第一支箭。然而，第二支箭是我们对第一支箭的反应。第二支箭是可选的。

——佛陀

86

投射

把对一个人的感觉归因于那个人

移情

把对第三方的感觉转移到更直接的人身上

治疗是一个联盟

大多数患者希望与他们的治疗师建立联系。他们希望被喜欢和理解，希望参与诊断自己的问题，并积极地实施解决方案。

作为治疗师，要站在客户的角度看问题。利用你们之间的关系，不仅要深入了解问题，还要对他们如何看待和参与这个世界产生共情。如果你察觉到过于热情的表露、不恰当的依恋、不感兴趣或隐藏的敌意，那么你可能已经打开了一扇了解客户其他关系的窗户。

随着时间的推移，调整你与客户关系的变化。如果客户对治疗联盟的进展表示不满，可能是因为突破即将到来：客户可能感觉到自己的防御受到了挑战，或长期以来的信仰体系正在崩溃，于是将他的不适投射到了治疗师身上。

神探可伦坡，由理查德 · 莱文森和威廉 · 林克创作的电视角色

对患者的矛盾之处假装无辜的困惑

如果患者没有按照承诺的方式行事，或者描述的事件与之前的陈述相矛盾，不要直接指出患者撒谎或做得不够好。相反，不要提及之前的讨论，可以假装无辜地询问：“你为什么那样做？”或“那件事的结果如何？”

88

美国囚犯和精神健康囚犯

资料来源：量刑项目和美国卫生与公众服务部

罗森汉实验

1973 年，心理学家戴维 · 罗森汉报告称，他和 11 位同事曾前往 12 家精神病院，故意做出精神不正常的表现——假装幻听，所有人都被收治进他们联系的精神病院。入院后，大家开始表现得正常，并告诉工作人员他们的症状消失了。这些医生和员工继续坚信自己的诊断是正确的。这些伪病人被精神病院收治长达 52 天，平均为 19 天；除一人外，所有人都被诊断患有精神分裂症。工作人员将他们正常的行为解释为症状，例如，工作人员将他们记笔记（为了实验目的）的行为描述为病态。同时，在其中三家精神病院，118 名真正的患者中有 35 名直接怀疑伪病人是骗子。当这些伪病人最终被允许出院时，条件是他们承认自己患有精神疾病，并同意服用抗精神病药物。

后来，一家医院向罗森汉发起挑战，要求他将伪病人送到该医院，以测试该医院自认为非常强大的筛查能力。罗森汉同意了。该医院将 193 名新患者中的 41 人标记为由罗森汉派来的伪病人，另外 42 人被标记为疑似伪病人。而罗森汉表示，他没有派任何人。

2019 年，作家苏珊娜 · 卡哈兰调查了罗森汉实验，并报道称，这个实验在很大程度上是伪造的。

89

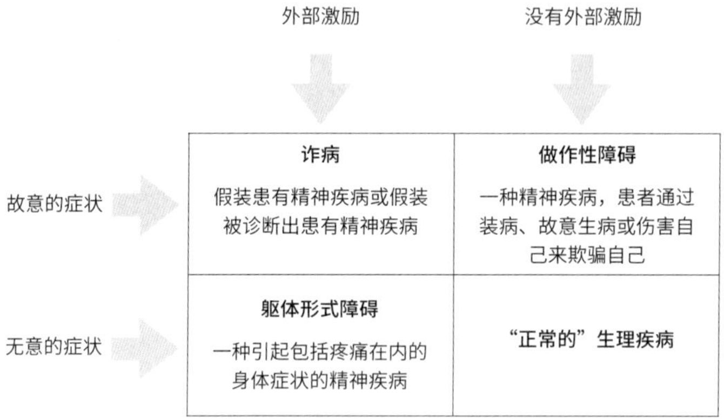

	外部激励	没有外部激励
故意的症状	**诈病** 假装患有精神疾病或假装被诊断出患有精神疾病	**做作性障碍** 一种精神疾病，患者通过装病、故意生病或伤害自己来欺骗自己
无意的症状	**躯体形式障碍** 一种引起包括疼痛在内的身体症状的精神疾病	**“正常的”生理疾病**

改编自 B. Adetunji, et al, “Detection and management of malingering in a clinical setting,” *Primary Psychiatry*, Vol. 13, No. 1, 2006

假装患有精神疾病是精神疾病的证据

诈病是指伪造心理症状或假装被诊断出患有精神疾病，以获得外部奖励。例如，有人可能会假装有精神障碍以逃脱罪行，获得残疾津贴，休假或吸引家人的关注。诈病倾向于滥用医疗系统，因为它可能会转移真正有需求的患者的注意力和资源。

然而，诈病表明心理问题仍然存在。心理学家已经开发出识别诈病的技术，比如通过测试来让诈病者“失败”，即是否同意医生所建议的不可能存在的症状。

让人相信你是理智的要比让人相信你是疯子难得多。

——乔恩·龙森，作家，引用一名精神病患者的话

91

A Modeſt Enquiry
Into the Nature of
Witchcraft,
AND
How Perſons Guilty of that Crime may be Convicted: And the means uſed for their Diſcovery Diſcuſſed, both Negatively and Affirmatively, according to SCRIPTURE and EXPERIENCE.

By John Hale,
Paſtor of the Church of Chriſt in Beverley,
Anno Domini 1697.

BOSTON in N. E.
Printed by B. Green, and J. Allen, for Benjamin Eliot under the Town Houſe. 1702

跨时代

在特定的时代被视为异常

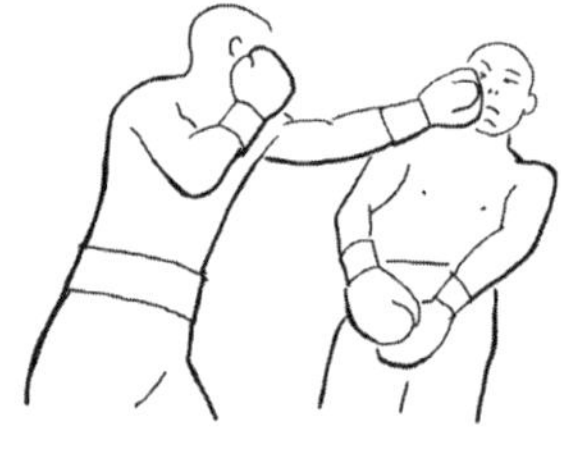

跨情境

在某些情况下被视为异常，但在其他情况下则不然

跨文化

在不止一种文化中被视为异常

异常行为的类别

社会决定了异常

只有少数人的特质和行为不符合社会规范。但规范既不是普遍的，也不一定公平。它们将一些行为或参与模式边缘化，而这些行为在其他社会中可能是受重视的。例如，一个特别好奇、冲动的孩子在史前文明时代可能会受到尊敬，因为当时寻求新的体验和探索未知是生活中必要的一部分。但是，现代社会要求孩子每天在教室里静坐 7 小时，持续 12 年，可能不可避免地导致其中一些孩子被诊断为注意缺陷多动障碍。

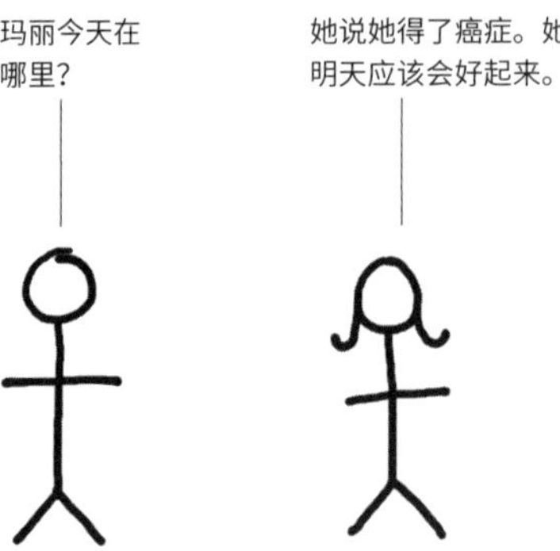
玛丽今天在
哪里？
她说她得了癌症。她
明天应该会好起来。

精神不适、精神疾病，还是精神伤害？

胃病或冬季感冒在技术上是一种疾病，但通常我们用“疾病”来描威胁个体的整体健康和生存的严重病理。我们通常会用“生病”或“不适”来形容那些病情相对平静的人的情况。而我们使用“伤害”来形容来自外部来源的局部伤害。

精神健康领域不区分疾病、生病和伤害；这是否有助于精神疾病的污名化？如果“精神疾病”描述了深层次的难以治愈的病理情况，那么它是否适用于暂时的焦虑？如果我们的命名方式将生理根源性精神病与转瞬即逝的疾病等同起来，我们是否能够真正同情那些因生理根源而患有精神病的人？当他们的痛苦源于外部因素的伤害时，给那些在童年时期遭受虐待的成年人贴上精神病的标签公平吗？

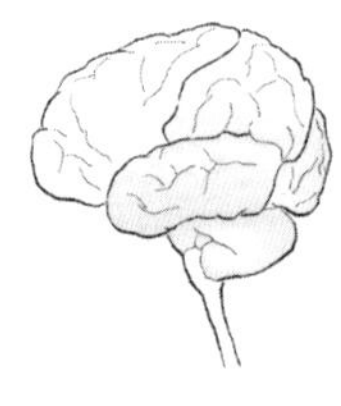

脑

物理的、客观的实体；处理知觉、思维、行为等的电脉冲的容器

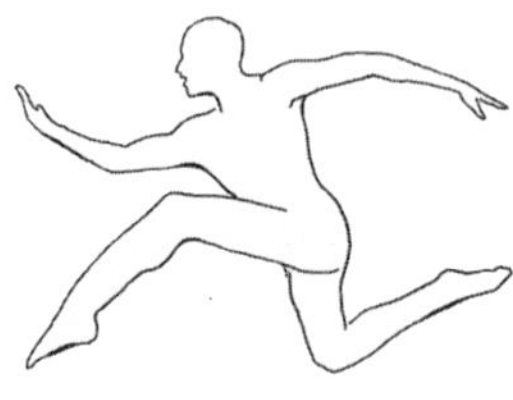

心理

主观的实体；人们争论它是否存在于大脑中，或者遍布于身体的各个部位或更远处；与整体觉知、自我觉知和感觉知识有关。

萨斯认为："没有精神疾病，只有生活中的问题。"

精神病学家托马斯·萨斯认为，将有精神问题的人归类为病人是错误的。他指出，疾病源于物理故障，但心理——一个人的精神中枢——是一个概念性的实体，而非物理实体。他认为，"精神疾病"这个词应该被理解为一种隐喻。他写道："只有在笑话或经济'病态'的意义上，心理才会'生病'。"心理问题应该被正确地认为是为对社会规范的偏离或"生活中的问题"，而不是疾病。通过将这些问题医学化，我们回避了社会和道德方面的重要问题。

萨斯进一步认为，当我们为精神疾病找到生物学基础，例如，将"疯狂"追溯到梅毒时，我们就证明了他的观点，即表面上的精神病理学实际上是一种生理病理学。如果我们能够证明我们现在称之为精神疾病的所有精神状况实际上都是生理疾病，那么就根本不需要使用精神疾病这个概念了。

不安定

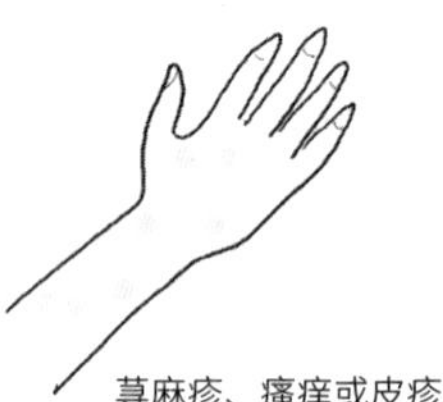
荨麻疹、瘙痒或皮疹

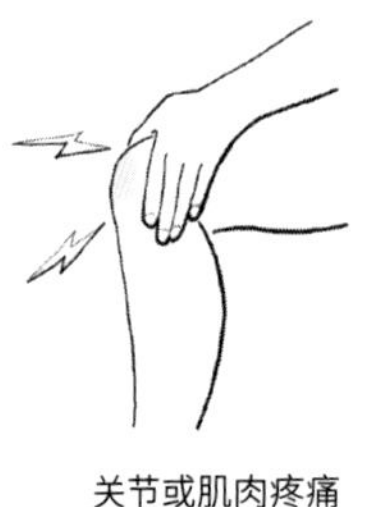
关节或肌肉疼痛

自杀的念头

寒战或发烧

百忧解的常见副作用

大自然不会在我们划定的地方划定界限

给患者开精神病干预处方时，不能仅仅专注于被诊断出的病症。例如，针对被认定为引起抑郁的基因、激素或酶的治疗可能还有助于一个人具有内省力、竞争力或创造力，感知危险或不诚实，长远思考，感同身受。治疗患者的一个问题可能会影响他或她的其他方面。

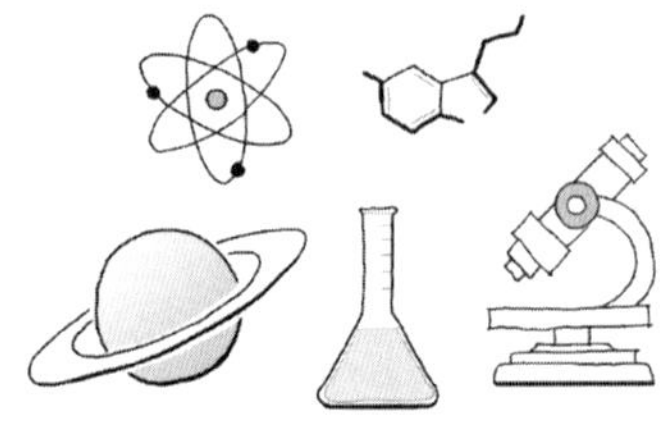

硬科学

非人类现象

- 寻求价值中立
- 通常建立在实验室隔离基础上的调查
- 可以建立可靠的因果关系
- 依赖于定量因素
- 正式研究得出的结论通常适用于个案

例如：物理学、化学、生物学、地质学、天文学、数学

软科学

人类和人类系统

- 无法价值中立
- 实验室隔离的因素通常是不可能的
- 难以或不可能建立直接的因果关系
- 许多定性和未知因素
- 不能假定正式研究得出的结论适用于个案

例如：心理学、政治学、经济学、社会学

软科学很难

塑造人类行为的因素在很大程度上是无定形的，而且可能是无限的。这使得用科学术语来提出关于人的问题，为研究确定可靠的变量和控制因素，并从数据中得出清晰的结论变得非常困难。因此，新的研究经常与先前的研究相矛盾，并且确定性积累得非常缓慢。即使可以确定人类行为的明确原则，也只能假定它适用于一般人群，而不能假定它适用于特定的个体。然而，对患者的治疗必须基于对科学文献的深刻认识。但同时，智慧的直觉也被要求解释和解决患者的独特情况。心理学研究是一门科学，心理学实践是一门艺术，深受科学知识的影响。

科学常常被误解为“通过在实验室进行重复的对照实验而获得的知识体系”。实际上，科学是更广泛的东西，是对世界可靠知识的获取。

——贾雷德 · 戴蒙德

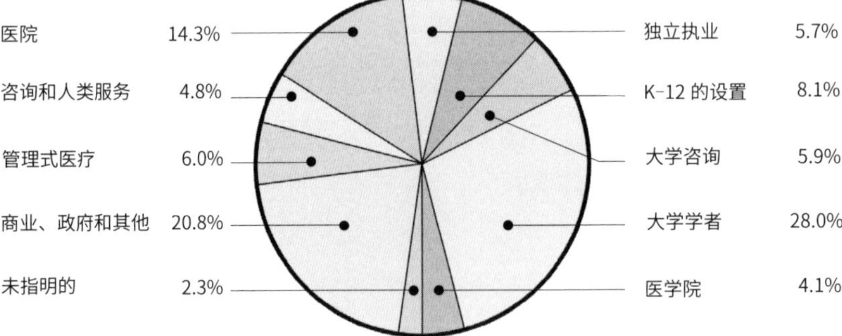

心理学家工作的地方

资料来源：博士就业调查，美国心理协会（APA）劳动力研究中心，2011 年 5 月

你不可能对每件事都擅长或感兴趣

心理学领域的目标可能是了解每个人的一切，但它是一个专业领域。一个有意成为心理学家的人不应该期望它的所有方面都有吸引力。一位执业心理学家也不应该试图治疗所有潜在的患者，或者认为他们的方法适用于每个人。大多数寻求心理帮助的人更希望知道未来的治疗师有特定的方法，可以选择接受，也可以选择拒绝，而不是被告知治疗师的方法适用于每个人。

心理学家可以是一个多面手，但必须准备好将客户介绍给在需要的领域受过专门训练和经验丰富的专家。

情绪上的**苦恼**

正常功能的**中断**

偏离社会规范

对自己或他
人构成**危险**

判断患者是否患有障碍的四个表现

诊断是一种判断

严重的精神障碍通常会表现出每个人都会经历的症状，比如悲伤、困惑、焦虑和失去动力。但没有任何一种血液检测可以明确地判断这些状态是正常情绪还是严重的临床抑郁症。即使是精神科医生，也主要根据患者的行为来诊断，尽管他们打算从生理上对其进行治疗。此外，患者可能表现出多种疾病的症状，使得任何诊断都成为一种判断，判断是否使用标签以及使用哪种标签。

你的挣扎源于你的过去。你必须找到源头，否则将会破坏你未来的努力。

心理动力疗法

揭示深层的秘密可能需要 20 年的时间。无论你是否找到它，你都需要新的技能来继续前进。

认知行为疗法

寻求出路，而非逃避。

在治疗中，很少有问题可以被彻底解决。治疗师不会简单地提供让困难情况消失的解决方案，而是帮助患者应对这些问题。这可能需要患者审视早期的经历、被遗忘的创伤以及根深蒂固的行为。这些会导致他们徒劳地构建和应对当前的情况，也会让他们发展未来可以使用的新技能。

没有什么是真正破碎的，只有旅程中的荣耀。

金缮被译为“金色细木工”，是一项有 500 年历史的修复破碎陶器的日本传统。工匠并不掩饰破损，而是用金或银填补裂缝、碎片和空隙。这种填充可以被磨平，使其与原始表面相符，或者高于原始表面。

金缮接受不完美、磨损和损坏，认为物体之所以有价值，不是尽管有缺陷，而是因为有缺陷。裂缝不是永久的伤害，而是在这个世界上生活所带来的更深层次特征的证据。突出而非隐藏缺陷表明，改变和不完美不会被憎恨，而是被理解为创造美丽的新机会。

致谢

来自蒂姆

感谢克里斯托弗 · 刘易斯、科林 · 凯勒、卡伦 · 富勒、贾斯廷 · 勒纳、詹姆斯 · 康普顿、琳达 · 丘奇韦尔、兰迪 · 拉森、兹维耶兹达娜 · 普里兹米奇-拉森，以及我在圣路易斯华盛顿大学的学生们。

来自马修

感谢索切 · 费尔班克和马特 · 因曼，特别感谢玛尼 · 怀特。